易經

中的生命密码

性，即人的先天慧命。真正的养生，是养先天的性命，性命合一就可以返老还童。

人活一口气的元气，是先天的真命，这个真命的操控者是人的自然本心，也叫真

人体分后天和先天，先天决定后天，掌控人的寿夭祸福。易经的一个阳爻是

韩金英◎绘著

团结出版社

图书在版编目（ＣＩＰ）数据

易经中的生命密码 / 韩金英. -- 北京 ： 团结出版社，
2007.1（2021.2 重印）
ISBN 978-7-80214-241-1

Ⅰ．易… Ⅱ．韩… Ⅲ．周易—研究 Ⅳ.B221.5

中国版本图书馆 CIP 数据核字(2006)第 152070 号

出　　版：团结出版社
　　　　　（北京市东城区东皇城根南街 84 号　邮编：100006）
电　　话：（010）65228880　65244790　（出版社）
　　　　　（010）65238766　85113874　65133603（发行部）
　　　　　（010）65133603（邮购）
网　　址：http://www.tjpress.com
E-mail：zb65244790@vip.163.com
　　　　　fx65133603@163.com（发行部邮购）
经　　销：全国新华书店
印　　装：三河市东方印刷有限公司

开　　本：170mm×230mm　　　16 开
印　　张：12
字　　数：167 千字
版　　次：2007 年 1 月　第 2 版
印　　次：2021 年 2 月　第 10 次印刷

书　　号：978-7-80214-241-1
定　　价：41.00 元

《易经》中的

生命密码

目录

《一圣神》创作于 2011 年，布面油画，150cm×120cm

山根祖窍开了，接通了宇宙永恒的元气，就进入了返老还童的人体自动化程序

《易经》是中华文化之母

《易经》博大而深沉，自然而奥秘。它是中华文化之母，华夏文化之根。作为母体，脱胎出中医、风水、数术、兵法等诸多的中华文明。从文化的角度说，我感觉《易经》真是母仪天下，它不仅是中华文化的母亲，也是全人类所有生命的母亲。她在耐心细致地告诉人类生命的奥秘，听懂了《易经》母亲的话，我们就可以成为卓越生存的生命。

《易经》是最朴实的母亲，易就是日月，她从日月的升降，从乾卦的阳气变化开始，用六十四卦，讲述阳气的盛衰，从而揭示生命的天机。这个古朴的母亲，她把自然宇宙、人类社会、政治、经济、军事、国家等等都当做生命，告诉我们通行于所有这些生命的本质规律。

1.《易经》母亲讲述生命的奥秘

古人把宇宙自然称为天，《阴符经》说："观天之道，执天之行，尽矣。"认识自然运行的规律，顺应这个规律办事，我们人就可以得到平衡和健康。阴阳、五行是中国古人掌握宇宙自然的枢纽，中国人在《阴符经》中可以骄傲地说："宇宙在乎手，万物生乎身。"按照阴阳、五行去做，《黄帝内经》"法于阴阳，和于术数（五行），饮食有节，起居有常，不妄作劳，故神与形俱，而终其天年，百岁乃去。"

中国人研究自然运转规律，都是为人服务的，是直接和人的健康长寿，乃至日常生活紧密地联系在一起。不像西方的纯数学、纯物理，几乎和人没有关

系，一万年前已经形成的阴阳观念，沿着数学的路线，阴阳的三次方是八卦，六次方是六十四卦，构成了《易经》的思想体系和实用价值；沿着物理的路线，形成五行学说。

五行的金、木、水、火、土，金代表金属和矿物，木代表一切植物，水代表液态，火代表热量，土代表创生万物的基本物质。五行的阳性循环是木生火，火生土，土生金，金生水，水生木；五行的阴性循环，木克土，土克水，水克火，火克金，金克木。五行应用在自然是金、木、水、火、土，在人体是五脏的肝、心、脾、肺、肾，五味是酸、甜、苦、辣、咸；五音、五色、五谷等等。

六十四卦描述着阳气的盛衰演变，加上五行的顺生、逆克关系，将生命的核心"阴阳"演绎得惟妙惟肖、精湛入微。大到国家、战争、干旱，小到感冒、出行、交友，抽象的阴阳被具体化，让你看得见，摸得着，这就是《易经》最迷人之处。

当六十四卦和五行用在方位上，就是风水，这里面有关乎生命的盛衰的奥秘；用在五脏上，就是中医，这里面有关乎生命的健康、长寿的奥秘；用在五运上，就是运程，这里面有关乎生命跌宕走势的奥秘；用在五藏上，就是长生，这里面有关乎生命长寿的奥秘……

总之，一切都在说生命。一个人是生命，一件事也是一个生命，一个地区、一个国家也是一个生命。所有生命的兴旺、发达与停滞、衰落，都逃不出阴阳消长的变化规律。《易经》是母体文化，包罗广大，经纬万端。古老《易经》与现代人的思维有个断层，一般人会觉得陌生，因为陌生而不信任。其实，我们一天、一月、一年过的日子，遵循的作息时间，都是从"易"中来的。我们看的日历，遵循的时辰，依照气候变化，我们四季着装不同，每天听的天气预报，冬天的暖气，夏天的空调，我们的行为都在随自然变化，与之取得和谐的关系，从而健康快乐地生存，《易经》讲的就是自然日月的变化对人总体上的影响，以及人怎样顺从自然的变化，把握进退，只是没用现代的词汇而已。我

们已经承认中国的天文、历法、季节、气候等是科学的，那么这些科学还是单一的，而《易经》整体地包含了更多的生命科学。

2. 时间里的天机

《易经》的伟大之处，在于它把深奥的生命哲理，通过数学的方式（数字和卦象），成为人们生活的实用工具，当你领悟了《易经》的思想，掌握了《易经》的应用方法，你会觉得《易经》是最好玩的游戏。这个游戏的好玩，不只在它的虚拟性，而是虚拟之后，马上出现真实场景，梦幻立即变成现实。只要有"动"，就看一下表，根据时间起卦。比如，我在家等客人的时候，想顺便清理一下杂物，不小心把盛满水的花瓶打破了，弄了一地水，花还得重新找地方放。这一动，一破损，我心里映现的是个兑卦，《易经》说，兑卦的含义是喜悦、说、口舌、破损等。果然，来人是满怀喜悦，甚至崇敬。但是，聊到后来，我感觉琐碎、是非，没了交谈的兴趣。有这样的感觉，说明来人能量低，让你感到消耗、疲倦，如果再不醒悟，顺从来人的愿望交往下去，那我就一定会有损伤。因为，能量是由高向低流动的，能量低的人得好处，能量高的人耗损。

易经不是学，应当叫玩。时间像个魔术宝瓶，把很多东西装在神秘的瓶子里，而卦就是一个场，把相关的事情串联在一起。我们总是站在最前端的一个点上看问题，而《易经》则是站在过去、现在、未来的时空中，将互联着的事物链，整体地呈现给我们。这条链子上串着好多相关联的事情，我们站在现在时，只能看见显现了的事情，而《易经》则是把将要显现的隐藏着的事情提前告诉你。这是点线思维和整体性思维的差别，不了解的人感觉神秘。了解《易经》的人，觉得很实在，实实在在照着卦的含义说，事后验证说准了，就觉得卦很好玩，卦是了解未来的游戏。

再以后，我就先把起好的卦，写在纸条上，等到事情发生了，再拿出来验证。一次，一个推不掉的作者要见面，是个闯荡北京的广西乡村教师，他说想

《易经》是中华文化之母

CGA

序言

3

合作出书，见面后，他说了一大通观点和我如何如何一致，他说话时脸红红的，我觉得有点不对劲儿，他磨磨唧唧的，终于说，"我有一个请求，能不能让我亲你一下。"我忍不住哈哈大笑，把在他没进门前写好的纸条拿出来，那是个归妹卦，有女子被男人追的意思，尴尬的场面被卦辞当笑话一样化解了。

时间在起卦时至关重要，在事情从隐性到显性的过程，也是重要因素。有些事情问卦的时候不可能出现，要到事情发生时才能知道卦准不准。我有个朋友想独自去旅游，我给起了一卦，卦上说是结伴而行。过了一个月，朋友短信告诉我是四人结伴去的。还是这位朋友，我给他写了一个 20 年运程报告，2006 年他的肝上有伤。两个月后，在医院检查身体照出肝部有小块囊肿。

《易经》不仅好玩，而且非常实用。当一对夫妻闹得不可开交的时候，我用《易经》的力量化解了他们尖锐的冲突。他们开始醒悟，痛苦的根子到底在哪儿，他们怎样用自己的双手在编织着自己的命运。《易经》是善良、智慧的提醒，令他们回头是岸。我用佛道的理论劝解别人，好像还没有触及到根本，好了一时，不久就又旧病复发了。而《易经》显示出来的他们一生的关系，已经发生的事情都说准了，将要发生的事情，就目前的状况推论，如果不立刻改变，再恶斗下去，也一定会发生的。他们的猛醒，使他们的关系在恶化到危险时刻急刹车了。当事人和我都对《易经》产生了无比的崇敬！《易经》怎么这么伟大呀？几千年前人类的儿童时期的东西，在几千年后高度现代化的社会，竟然就是那么几个数字，几个符号，就这么准确！

到底为什么呀？时间里面为什么有那么多东西？我对卦并不多想，只要老实，信息的传递真实，结果基本上是准的，我更感兴趣的是时间的奥秘。我感到：

第一，《易经》非常简单。八个卦，代表的方位、时间、人体部位、人体内脏、人物、基本含义、五行生克关系等记熟了，照着卦直接大胆地说。因为，事情还没出来，我们是从卦中预测未来的事情，由于看不见，往往比较胆怯，顾虑重重，心思很多。现代人太复杂，果真可以简单、单纯、直接、真实，就

《易经》中的
生命密码 CGT

可以靠近《易经》的思维。老老实实地照着卦的意思直接说，思想不拐弯、不怀疑，用第一念，看到这个卦在大脑中的第一反应，往往准得很。因为第一念，第一感觉，是人的灵的反应，第二念等以后的分析、论证是人的智力体的反应。我们的肉体是第三位的，受限制最多，冷了、热了、饿了、困了，智力体受思维能力、学养的限制，而我们的灵是不受时空限制的，最接近自然，灵的感觉往往准确率最高。好事出来之前会有感觉的，坏事出来之前，只要你的灵不是昏睡的，也一定能感应到。好事知道的迟一点也就罢了，坏事感应得早一点，就可以避免。1976年唐山大地震前实际也出现了如耗子出洞等许多异常情况，如果人们由此能警醒到巨大的自然灾害将要发生，就不会死几十万人了。

第二，任何事情的发生，都是场决定的，场是个整体状态。以上述朋友来访的例子看，他来之前、来的过程中、来之后，是一个整体的存在。他来之前，事情处于"无"的状态，无并不是没有，而是还没有显化成物质形态，但是场已经有了，能量在汇集的过程中。卦就是场，通过卦了解场，就可以提前预测到将要发生的事。我们以往的学到的只是局部的知识与思维，真正高明的思维是《易经》这种整体性思维，把精神的、能量的、物质的统统包容在一起，通盘地考虑，把一切衔接在一起，有形是从无形中来的，有形再归于无形中，产生新的变化，再产生新的有形，这才是存在的真实性。

第三，在更高一层意义上，宇宙中，时间与空间是等效的，质量与能量是等效的，电场与磁场是等效的，质能与电磁场是等效的，时空与质能是等效的，时空与引力场是等效的，时空与电磁场是等效的，引力场与电磁场是等效的。更简单地说，时间就是空间，就是电磁、电场、磁场等。甚至时间就是一切。不然为什么仅仅是根据问卦人发问的时间，就可以准确地推算出来问卦人的场是什么，场里出什么事，无论是天灾人祸，还是细微的小事，卦里都可以反映出来，这是多维空间里"一就是一切"的思维方式推演出来的。

如果你能做一个简单的自然人，你的脑袋里干干净净。当事情发生的前

兆一露头，你就可以敏感地捕捉到，纯客观地反映在脑海里。可以通过对应的卦，看到未来将要发生的事，卦就是俗人的"天眼"、"先知"，用感觉、感应的方法，把握事情的本质。时间里存在着一切，问卦人要问的事情的答案，就在他开口问的那一刻时间里。包罗万象的宇宙时空中的所有事，顺着时间这个线索，就可以找到场，就能知道结果。《易经》就是这样伟大，把最复杂的化成最简单的，简单才是至上的高明。

很多人认为《易经》不过是算卦的，登不了大雅之堂。现在流行的《易经》的智慧类的书籍，虽然没有贬低《易经》，但说到底，还是把《易经》当成算卦的，诸如"潜龙的智慧"、"大往小来的智慧"，还是停留在谋划、算计的层面，在这个层面理解《易经》，顶多是在小聪明的层次上解读《易经》，而《易经》是大智慧，大道至简，大智若愚。那么多的算计，那么多的心机，那么复杂的小人的诡诈，是"功利小人"对《易经》的理解，是对"智慧"这个词的玷污。看到这类《易经》读物畅销，我心里就非常嗤之以鼻，心想连智慧的边也不沾，真是误导读者，于是下决心创作一部反映《易经》大智慧的作品，替《易经》鸣不平。

3.《易经》中的生命八卦

卦就是圭，古人用来测量日影长度的尺子。易就是日、月变化。以日出、日落确定东西，白天正午时影子最短，确定南方，夜晚以北极星确定北方。冬至的日影最长，为一年的起算点，测定一个回归年为 365.25 日。再观察星辰的变化，根据北斗星斗柄的指向，东为春、南为夏、西为秋、北为冬，四季细分为二十四节气。就是这样简单质朴的天文背景下产生的八卦，八种场态，概括了一切事物的变化规律。两仪的阴阳来自日月；四象的老阳、老阴、少阳、少阴，来自夏至、冬至、春分、秋分；八卦的乾卦、坤卦、坎卦、离卦、艮卦、兑卦、巽卦、震卦，来自东、南、西、北、东南、西南、东北、西北八个方位。

二、四、八，二是根子，阴阳是根本，四、八乃至六十四卦甚至多到无数的卦，都是阴阳变化的结果。

其象者日月、乾坤、寒暑、雄雌、昼夜、阴阳等，所以包罗万象，举一千从，运变无形而能化物。大矣哉，阴阳之理也！经之阴者，生化物情之母也；阳者，生化物情之父也。作天地之祖，为孕育为尊，顺之则亨，逆之则否！

为一个生命把脉，过去有句老话叫"一命、二运、三风水"。命指命的贵贱，运指运气的好坏。好命，好运，好风水，这未免笼统。在我看来，生命中的以下八个问题解决好了，才会有幸福的人生：①生命的外场衔接——风水；②生命的跌宕走势——运程；③生命的内场传递——子嗣；④生命的信息治理——中医；⑤生命的卓越性能——长生；⑥生命的核心要素——阴阳；⑦生命的最大能量——智慧；⑧生命最高成就——金丹。

生命从一诞生，自身的内场与降生时宇宙的外场衔接，调整出新的生命磁场，这个场伴随人的一辈子。天体、气候等的磁场与人体的生命磁场和谐时，人就身体好，能量足，积极向上，诸事顺利。当宇宙外场和人的生命磁场相冲突的时候，人就会生病。2006 年是丙戌年，丙的方位在正南，属火，走火运，七月流火，又是闰七月，两个七月，为火运太过之年，这样的年份一定炎热、干旱，由于气候异常，造成的灾害非常多。那年，气象局的工作人员最忙，各地闹灾，他们不停地出差前往灾区。果然，南方持续高温，立秋之后，还是酷热难耐。重庆发生了几十年未遇的干旱，连人的饮用水都成了问题。重庆在西南，坤卦，属土，火生土，所以重庆的高温最厉害。宇宙的外场是永恒在变化的，我们只要发生居住行为，就必须与大自然协调，否则我们的生存将会非常艰难。

人的运程像一天中黑白参半一样，好坏参半。在十二年中，每个属相的人都是有六个好的年份，有六个差的年份。了解人的运程，便于策划大的人生计划，明了月亮圆亏的道理，做到心安理得。处于好运时不骄傲，处于坏运时不颓丧，能顺其自然，泰然处之。平时要经常玩卦，吉时不迷心智，凶时不慌，

《易经》是中华文化之母

序言

CGA

冷静镇定。平时观卦象玩文辞，行动时观卦爻变化，就能把握动与静、进与退的规律。该出手时再出手，该休息时就静而不动。

子嗣是幸福生活的重要组成部分，是生命的延续。在庞大的父系的场里，有无数的孩子，等着我们来召唤他们前来投胎，做我们的孩子。但是什么时候要孩子，属木的家长，生个属水的孩子，水生木。孩子非常省事就长大了，并且才华横溢，能做家长的师父，对家长有帮助。如果是属水的家长，生了个属木的孩子，还是水生木，关系却倒过来了，家长生孩子，就是家长付出的非常多，非常辛苦才能把孩子养大。如果是金克木，家长与孩子之间是相克的关系，那就争吵、麻烦不断了。年份的五行与父母的五行属性要相生，年份还要躲开灾年，还要看六十年的大运，二十年的小运等等。

一定学习中医，西医是有用的，可以救急，好得快。学好了中医，你可以把自己调理得很好，很少生病。中医是中国传统医学的简称，"中"更重要的一个含义是"中介"之意。中医是自然宇宙外场与人体内场之间协调的中介，也是人体的解剖系统（西医说的心、肝、肺等五脏）和藏象系统（精气、经络等）两个系统之间平衡的中介。真正的中医，就是人与自然之间的中介，人体的自然系统与精神系统的中介。了解了这个奥秘，你可以活一百二十岁。

长生并不是梦想，中国有几千年的长寿养生文化，道家认为长寿的手段有三：服食、练气、房中。人的肉体靠吃物质的食物维系，而人的精神体靠吃无形的食物——气来维持。对人的长寿起决定作用的是人的精神体，对精神体来说，最好吃的气是阴阳交合之气，所以，练气、房中就合二为一了。再加上道家认为，即使是千年的人参、万年的灵芝，这些物质的东西对人的补养也不如气补，叫食补不如人补。这样，道家说的三个长寿手段，已经变成了一个，那就是房中。如果谁要把房中理解为性技巧，那就是把房中低俗化了。道家是利用性腺，使身体细胞和组织恢复活力，使身体脱胎换骨获得重生，用人的心念对性能量、性腺的控制，将肉体精神化，彻底地回归自然，获得天寿。而在极

度的顺其自然中，以反自然的手法，以克为生，达到长生的目的。

《易经》用八卦，天地、水火、山泽、风雷四对阴阳，概括了一切阴阳关系。老子《道德经》说，万物负阴而抱阳，讲阴阳的一体关系。道生一，一生二（阴阳），一就是生万物的母体。《易经》是母体文化，包罗广大，经纬万端。上自宇宙天地之始，自然造化之纪，下迄品物之繁，庶事之众，曼衍恢弘，无所不赅，一就是一切。了解阴阳的奥秘，懂得一的精髓，"昔之得一者，天得一以清，地得一以宁，神得一以灵，谷得一以盈，万物得一以生。"这是天地的第一奥秘，一切生命的核心。

智慧不是世俗意义上的聪明，是一种看破本质，化解难题的能力。智慧是人生的夜明灯，照亮黑暗，驱散恐惧，消除烦恼，带来自由快乐。智慧是一种深邃的洞察力，通过深入的观察，了解了内心世界的真正本质，使人有能力打破迷惑的心态；透过深入的了悟，得到智慧，内心自然而然达到明澈的境界，得到安祥与宁静。

道家文化是中华文化的代表，长生不老的金丹是道家文化金字塔尖上的明珠，是人类文化中生命科学的登峰造极者。人可以用自身的能量，把生命生老病死的路线逆转。历代帝王及有志之士都在追求长生的金丹，金丹理论都是天书，没有实践的人从文字上说不清楚，有实践经验的人写出的丹经，都把秘密隐藏起来。2006 年这本《易经中的生命密码》初版后，笔者感叹《易经》所蕴涵的大道之母的伟大，拿起画笔歌颂大道母亲，无师自通了油画，开始就画了内丹，也就是金丹。虽然完全不懂金丹是什么，跟着内心的召唤，边画边读经领悟。2010 年出版了领悟金丹的《内在小孩解道德经》，之后身体自然发生了返老还童的变化，创办了道德经艺术馆。到此才真正明白历代祖师传的金丹是什么。有数百位我的作品的收藏者，作为回报，我教他们返老还童。一年的讲课走过来，祖师说的金丹已经历历在目，并且也教会了一批人。这里的最后一章生命最高成就——金丹，是成功者理论实践的高度浓缩。附录讲述了我

一年时间得金丹的过程。

整部《易经》都在说和谐，宇宙间一切变化都是阴阳的相互对应作用，如天与地、明与暗、强与弱、男与女等，有阴必有阳，在阴阳交错往来中，阴退阳进，阳隐阴显，相反相成，循环不断。而连山易、归藏易、孔子易等，都是一个相对平衡稳定的结构，河图、洛书、五行、天干地支等《易经》中的主要组成部分，它们的结构分布，都是相对平衡、相对稳定的结构。

第一，和谐是生命的内核。看太极图，阴阳鱼朝着两个相反的方向抱成团，抱成一个圆。这就是和谐，只有和谐才能生长，才能相生，才有生机，才有兴旺发达。而冲突是相克，是相互的消耗，共同走向灭亡的方向。

第二，人与环境是一体的存在，人必须与自然环境和谐。人类仅就石油一项，造成了对大气、河流、湖泊、海洋的污染不算，单就对地球造成的升温，已经使北极的积冰消失了40%，影响了气候，造成干旱不断。河流的严重污染，鱼虾含水银量极高，发生致癌和其他疾病的事例直线上升。现在地球上空已经有数千颗人造卫星，它们相继都会变成剧毒的废料，回馈到地球上来，产生更多不可收拾的灾变。人类过度地糟蹋天地，使天地的自我调节功能失灵，就会天发杀机，人类遭到天的惩罚。

第三，人与人之间也必须和谐。二人同心，其力断金。五行的阳性循环就是能量之间的相生关系。木生火，火生土等，和谐的结果是生长、发展、上升。冲突的结果是损失、消耗、灭亡。要想活得好，实现美好的愿望，就必须和谐。有的夫妻天然就相克，一个属木，一个属土，木气代表春天、好动、创造，土气代表收敛、保守、谨慎小心等，在行为方式上南辕北辙，一个气盛，一个气衰，同样一件事，一个是正面的反映，一个是负面的反映，总是争吵不休。结果是不愉快，身体病怏怏。人和人，特别是亲人之间，必须和谐，否则就没有幸福可言。

第四，人的内心也要和谐。不要总是处于内心矛盾冲突中，要增长智慧，把问题想明白就放下了，心里自然明净。在精神中，那是一片天然的境界，一切都是自然，这自然中已经存在着永恒的规律，和那不可抗拒的秩序。

韩金英

2012 年 3 月 8 日

《师父》创作于 2011 年，布面油画，100cm×80cm　山东高先生收藏

《易经》是中华文化之母

序言

CGA

《西王母》创作于 2011 年，布面油画，120cm×90cm

西王母为元神的根祖，是道母的化身。

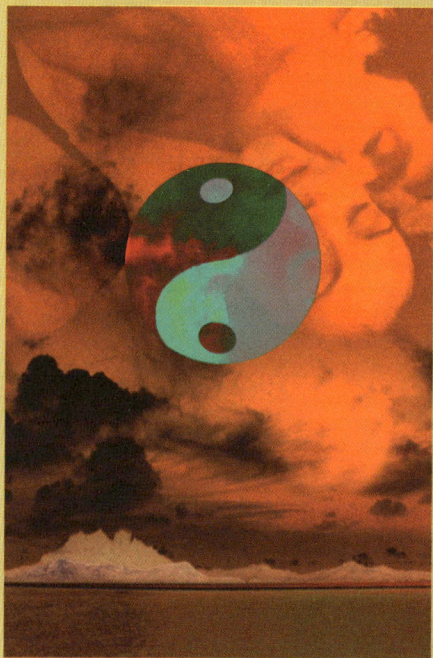

泰卦上坤下乾，坤是阴，是地；乾是阳，是天。阴的自然属性是向下，阳的自然属性是向上，阴在上自然向下抱阳，阳在下自然向上抱阴，利用两者的自然属性让它们抱一，阴阳合一就是元炁。元气是生命运转的推手，是活力的内在根源。

1. 生命的核心要素
——阴阳

亨通、通畅无阻、太平、安定、双方意愿相合、渠道通畅、思想统一。

也是花小的力气有大的收获的状态。说明此人路子野、关系渠道多且通畅。

颜色由81％的黄色与18％的金色、橘红或橘黄色合成。

泰卦

《金丹》创作于 2010 年，布面油画，100cm×150cm

给天地定位、令万物化生的阴阳之气，也就是元炁，主掌着一切生命的生杀大权，一切生命都是元炁所生。风水追求的天地生气到底是什么？《易经》的泰卦，《地天泰卦》（见彩图第4页）就在揭示这一生命的核心奥秘。泰卦上坤下乾，坤是阴，是地；乾是阳，是天。阴的自然属性是向下，阳的自然属性是向上，阴在上自然向下抱阳，阳在下自然向上抱阴，利用两者的自然属性让它们抱一，阴阳合一就是元炁。元气是生命运转的推手，是活力的内在根源。

1．最该重视的阴阳场

场是肉眼看不见的能量范围，是一种无形的气息，整体的存在状态就是场。粗略地说，场分为外场和内场。以人的肺为例，老子说的万物负阴抱阳，阳的是肺脏，阴的是看不见的肺脏的磁场。开天眼的人能看见，肺磁场是白色的能量光团。假如这个磁场发灰、发暗，这个肺就会不健康。如果房子西面是一整面实墙，从河图看宇宙的阴阳，西为阴，正西的方位应当是门窗，虚为阴，实为阳，该阴的地方没阴而是阳，那就是阴阳颠倒，住宅阴阳磁场的颠倒，就会影响居住者的肺脏健康。人天一体很重要的体现在人和环境一体，这种一体之间的影响，就是场效应。

能量场与命运相关。比如2012年的磁场分析。2012龙年是金丹年的磁场，金丹的丹，上面是日，下面是月，丹就是阴阳混一。金是金刚不坏，永恒的能量。从修身上说，是元神、元精合一。十二属相中，马、牛、羊、虎、鸡、狗、猪、兔、猴、鼠、蛇，十一个都是实有的动物，唯一龙是个虚的，人的灵是个虚的，看不见摸不着。灵来投胎人就生，灵走了就死。灵魂无影无踪，难怪孔子感叹老子如龙，见首不见尾，龙就是元神。

2012年的年卦是乾卦，乾卦是个阳金，2012年壬辰，壬是先天，先天为阳，

后天为阴。2012年壬辰，阴阳上说，壬是阳，天干上说是壬，五行上说是阳水，八卦方位是阳位，河图数是一，五元上说是元精，男命卦是乾，女命卦是离。水分先天后天，先天阳水是元精，后天阴水是浊精。返老还童的入门功夫元精发动，就是先天壬水，金木水火土五行的肾水后天返先天，浊精化元精，水的阴阳二，阴水变阳水，只剩下一个阳水，二返一。元精化元气，人体的快感电流是元气，统统化到细胞中，修复和替换老化受损的细胞。身体充满强烈的生物电，阴跷却没有电，元精化元气，精化干净了，人成了小孩子似的阴阳合一体，中性人是修好了的标志之一，菩萨哪里分男女？壬是元精。

2012年壬辰就是元神与元精合一的金丹年。2012年是金丹修炼最被天场加持的年份，朋友们要抓住天机，机不可失，十二年一圈，五个十二年才有一次，上一次是1952年的壬辰六十年一遇，这辈子赶上都是幸运者。道德经艺术馆展示的就是金丹成就的过程和内景，《内在小孩解道德经》描述的就是金丹的修炼，为画作收藏者讲的《返老还童的操作》课程，就是在传播、弘扬金丹大道。大道无为天成，天成就是自然成。2012年的天时来了，有大志气的学员，抓紧金丹成就的机会。

卦就是场，所有的事情都是场里的能量汇集发生的，熟悉了卦，就可以知道将要发生的事。和朋友到一个法国人开的高档餐厅就餐，一进门我就说，这里不好，会有麻烦。环视餐厅的环境，桌布是白色的，灯围是比桌子还大的长方型白色纱罩，上下白成一片。白为兑卦，下午酉时，正是兑卦的方位，我说要有破损的事情发生。话音刚落，就听哗啦一声，服务员在二层把一个玻璃杯子摔到一层，我的朋友笑我说得准。接着，旁边桌上人把啤酒杯打翻了；我挑了熟食，还是立即拉了肚子；晚上风凉，我感到嗓子不舒服，睡一宿就好了，而朋友打电话来，发了三天烧。

我在出门前就感觉盛情难却，出于礼貌，勉强去的。感觉不好，已经提

醒我有问题，但是人都习惯于社会思维、面子、礼节，不能自由地依感觉行事。已经有了预感，心里有了准备，我是想验证到底怎样不好才去的。结果验证了一连串的不好，我觉得《易经》不是学问，是玩，而且太好玩了。自此以后，一出门，捕捉第一感觉，往往都因此预知了事情的结果。比如有一天出门，我的车被自行车挡了一会儿，我说艮卦，有阻。坐在旁边的女儿帮我验证，共遇到了7次被堵的情况，我们简直笑弯了腰。另一次，女儿问我火塞队的比赛结果，我看了一下时间，起的卦是水火既济卦，我说一定赢，结果真的赢了。

天地的生气即阴阳，风水的一切努力，都是为了获得更好的生气，借天

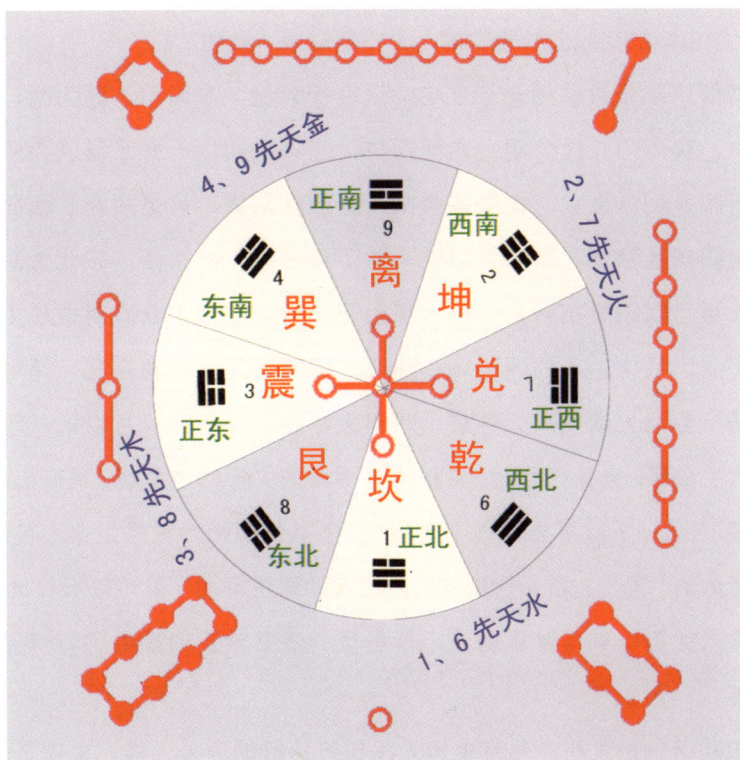

洛书

生命的核心要素 阴阳 CGA

地的生机，以求发达、健康。而这生气到底是什么？

无字天书洛书的1、6合成先天水，2、7合成先天火，4、9合成先天金，3、8合成先天木。八个方位，四对阴阳。第一对阴阳1、6，后天坎卦在数为1，在方位为正北，后天乾卦在数为6，在方位为西北；正北为阳，西北为阴。第二对阴阳2、7，后天坤卦在数为2，在方位是西南，后天兑卦在数为7，在方位是正西；西南为阳，正西为阴；第三对阴阳4、9，后天离卦在数为9，在方位为正南，后天巽卦在数为4，在方位为东南，正南为阴，西南为阳；第四对阴阳3、8，后天震卦在数为3，在方位为正东，后天艮卦在数为8，在方位为东北。正东为阳，东北为阴。这是无字天书描述的生命阴阳场的奥秘，凡是违背了这个分布规律的，一定会因为阴阳场的颠倒，造成人的气血混乱而生病。凡是有意无意中遵循了这个自然宇宙场的阴阳分布规律的，人一定健康、顺利。

洛书的阴阳场具体到一个住宅，以客厅为例，东为阳，西为阴，东面墙开了窗户，实为阳，虚为阴，东面阳位，应该是实墙，开了窗就为阴了，这是一种阴阳颠倒。电视、电脑等为阳，应放在东侧，可是放在了西面，这又是一个阴阳场的颠倒。东南为阳位，放了鱼缸阴气的东西，东北为阴，放了高大的衣柜，阴阳是相对的关系，高为阳，矮为阴，东北方阴位放了高柜，又是一个阴阳颠倒。人的阴阳场和环境的阴阳场是一体的存在，环境中错误的阴阳场，影响人的气血、神经，阴阳失衡才出现疾病。可以说，阴阳场是所有人的生命场，也是一个群体、机构等更大的生命的能量场，是核心的要害，关乎盛衰、生死，千万不要轻视了阴阳场。洛书的阴阳场就是生命生存的大法，它就是具体的"天"，顺天则生，具体到人的居住环境，是可以操作的"天"，如此操作，就可以获得健康的住宅能量场。洛书给我们提供了看得见的天体的阴阳场。

阴阳和谐就是生机。北京中国人民银行总行的办公大楼，主体是环抱型，是个凹，大楼的南方，是个圆柱型球体状建筑，仿佛是个凸，凹为阴，凸为阳，

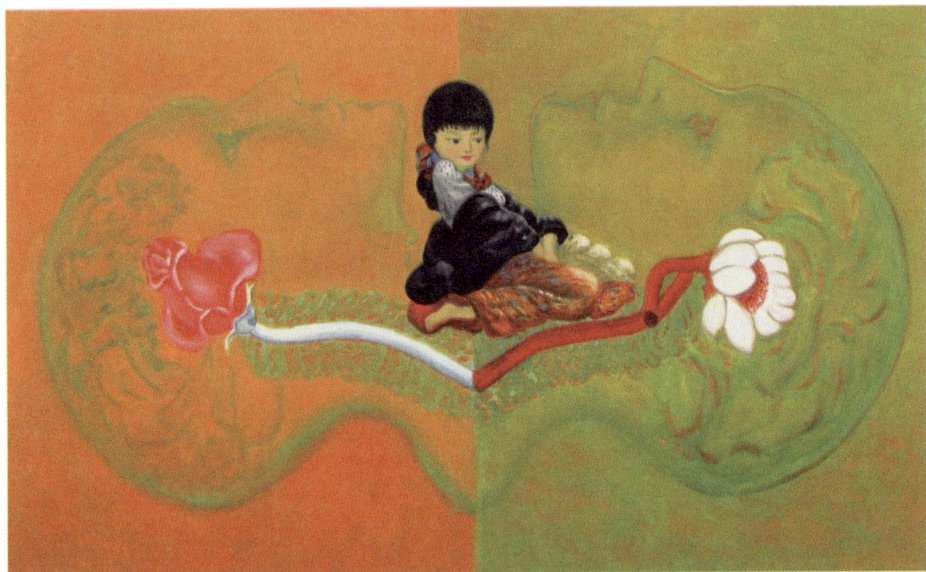

《还精补脑》110cm×180cm，布面油画，创作于2012年　沈阳王女士收藏

　　此画背景是两个大脑，脑为精根，中间是元神天眼，正是两个神窍和天目穴的概括。红玫瑰和白莲花是还精补脑的两个步骤，红玫瑰比喻性能量，白玫瑰比喻灵液元精化元气，元气化元神。

　　一抱一含，又是一对阴阳。这里造的是阴阳平衡、和谐的阴阳场，也是生机场，象征着中国的金融生机勃勃。这是以形营造的气场，还有一种用文字、地名、殿名营造的气场。比如深圳的蛇口有个南山，旧名龟山，龟是肾阴，蛇是肾阳，肾水肾火合一是元精，人体的元气来源。就是龟蛇两个字使这里汇集的是天体水星和北方七宿的能量，这个磁场二十年来出了招商银行、招商地产、金地集团等几十个国家级优质上市公司。故宫用的是"和"字，太和殿、保和殿、中和殿，和就是宇宙元气，宇宙最大的生机之气。武则天的乾陵，选择的是一个女人体似的地形，两座山像乳房，还有一座山像人头，陵寝就在人头处。人的元神在大脑头部，乾是纯阳的意思，人先天为阳，后天为阴，人身只有元神是纯阳，其他如骨头、血肉都是阴性的。作为阴性的陵寝取名乾，这就是一对阴阳合一，天地的生机之气元气就是阴阳合一，活生生的就是一含阴

生命的核心要素

阴阳
CGA

阳，住在乾陵的武则天的灵魂就在一个充满生气的磁场里。

2. 天地的第一奥秘

一群朋友聚会，大家进屋后随便坐。聊得热火朝天，到快散的时候，有人提议看看大家各自所坐的卦位。结果发现，那个糖尿病很重的朋友坐在北墙根，那是坎卦的方位。坎主肾，肾虚才带来的糖尿病，到晚上十一点多，正是坎卦的子时。看起来大家无意中随便坐的，其实是当时的生命能量场，把"无意"的人"有意"带到那里的。我刚好坐在了西北方的乾卦位置上，乾卦有领导、统治的意思。在座的人我说得最多，就《易经》这个话题，我是绝对的"领导"。由此看出，思维是能量，思维力强的能量就朝她聚集，能量聚集多到一定程度，就可以显化成物质形式，也就是人们说的好风水。我观察过老太太们玩麻将，谁喊的要赢的声音最高，她就赢得最多。因为，能量是意识招来的，愿望强烈的人，招的能量就大。

人的思维、意念与漂浮在空间的能量结合，导致物质事物的出现。要想有好事出现，你就真心地说出好的念头，同类相吸，相同频率的能量就被吸引到一起。而有的人分不清好坏，表面上他的念头是好的，比如，某人追求一个有钱、有能力的女人，尽管他表面对她好，可是，他的心里想的是要利用她，他的这个坏念头一闪，这个念头才是他的真心，漂浮在宇宙空间的相同频率的坏物质能量，就向他聚集过来，他最终肯定得不到她，因为他的念头已经把他想要的东西，从他身边推开了。宇宙能量场是个巨大的复制机，你发出一个指令，它就为你复制。你能够骗别人，甚至骗自己，但是你骗不了宇宙能量场，只有你真心强烈的能量，才能指挥它，它最会识别真假。假的能量很低，指挥不了它。所以，你的真心可以和宇宙能量场沟通，你一定要来真正真心的东西，你就可以得到你想要的。从反面验证，你的生活中遇

到的所有事，都不能怨别人，包括疾病，都是自己招来的。

洛书描述的阴阳场，真是掌握着生杀大权。而我们的住宅环境阴阳场没有错的很少，加上绝大多数人不懂得出生的本命卦场，也就是自然外场，注定他一生会得什么病，在心理层面，又由于特定的场，给他带来的麻烦事，让他深陷在特定的意识状态，让他成为他自己疾病的肇事者。那么，这个把人的命运玩弄于股掌之上的自然力，那个阴阳场到底是什么？

透视这个至关重要的阴阳场，《易经》用八卦，天地、水火、山泽、风雷四对阴阳，概括了一切阴阳关系。老子《道德经》说"万物负阴而抱阳"，讲阴阳的一体关系。道生一，一生二（阴阳）。阴阳是二，一是生万物的母体，《易经》是母体文化，包罗广大，经纬万端。上自宇宙天地之始，自然造化之纪，下迄品物之繁，庶事之众，蔓衍恢弘，无所不赅，一就是一切。了解阴阳的奥秘，懂得一的精髓，"昔之得一者，天得一以清，地得一以宁，神得一以灵，谷得一以盈，万物得一以生。"这是天地的第一奥秘，一切生命的核心。

"一"是卦符的阳爻"—"，表纯阳未破。在人体就是男子未通精的十六岁，元精完美无损的乾卦状态，外在表现是脊髓液饱和，而有病的、衰老的人脊髓液是干枯的。元精相当于人体原始细胞，即现代医学说的干细胞。"一"是乾阳的纯德，是能量态物质，遍布五脏六腑、四肢百骸所有组织、细胞中，表征为生命的"元炁"。"一"就是万物正确生存发展，须臾不可缺少的一种最高级、最纯厚、最初始、最质朴的能量。

"一"在形体曰天，主宰曰帝，性情曰乾，功用曰鬼神，其实一物而已。此一物，天不得不能以清，地不得不能以宁，人不得不能以灵。日月是此气之阴阳，山川是此气之刚柔，男女是此气之交错，呼吸是此气之动静。花着之而成色，水着之而成明，火着之而成耀，万物非此不生。

在阳爻的基础上，易经的第一卦是乾卦，纯正的阳气，象征天；整部《易经》，都围绕着阳气展开。从一阳初动，到阳气最盛的三阳，就是乾卦，到

阳气逐渐衰弱，直到完全消失，就是坤卦，象征地、顺、阴柔。六十四卦也是如此，在日月、星辰、四季的天文背景下，追随着阳气由小到大，由盛到衰的周期性变化。三画的乾卦、坤卦表示阳和阴，六画的乾坤卦则表示至阴至柔。而六十四卦中的泰卦，说的就是阴阳之气的内部结构，就是那个最不得了的东西，生命的核心"一"。泰卦象征着通泰、宽裕、平安。坤卦在上，乾卦在下，天地交而万物通也，天地阴阳之气交合，而世上万物生养通达。坤卦在上，表示阴气下降，乾卦在下，表示阳气上升，上升的阳气与下降的阴气在空中交合为泰，阴阳二气合一，这"一"就是生气，天地的生机，令万物生生不息。

比如，有生气的房子，如果是六层的房子，阳气和阴气的交会点在3层，10层的房子在5层，交会点就是生气最旺的地方。而得不到生气的住宅，会一生无财运，生气就是财气。盛行了数千年的风水，一切的努力都围绕着如何得生气。比如窗户前不能有树等遮挡物，因为窗户是进气口，遮挡物把生气挡在了住宅外面，这个住宅将缺乏生气。如果生气从南面的窗户进来，把灶台安置在了生气口附近，等于把生气"烧"了，居住在里面的人，没有阳气，只是阴气或死气，身体一定会出大毛病。

住宅的生气是供养居住在里面的人的。我们人由肉体和精神体两个系统组成，在肉体的五脏之外，人的精神体还有个五藏神：肝藏魂，肺藏魄，心藏神，肾藏精，脾藏志。在身体的中部，综合而论就是我们的元神、元气，元神修养好了可以长生，元气伤了，五神离体，必致疾病。我们的肉体靠物质的食粮维系生存，精神体靠宇宙的生气来维系。人体的14条主脉上有384个主要的穴位，天地的生气从穴位沿经络传导给五藏神。我们的精神体吃天地的生气吃得好，人就健康聪明，智慧过人，料事如神，心想事成，就会大富大贵。精神体吃不饱生气的人，没精打采，有气无力，生命能量极低，一定是贫病交加。

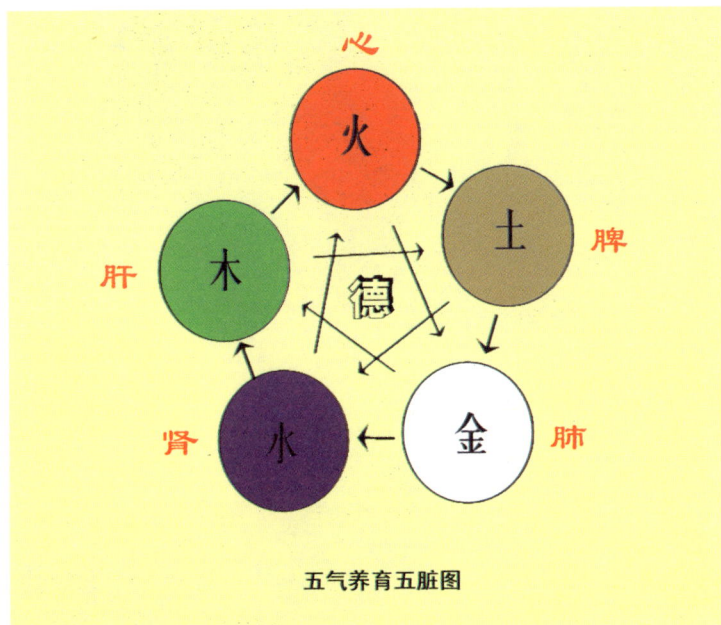

五气养育五脏图

　　泰卦阴阳二气交通，因交而通，相反的两个东西合为一体，变成一个东西，互为存在，这是万事万物的本质特征。

　　阴阳是一种对待的存在，不与对方结合，就做不成自己。没有至阳至刚造不出至阴至柔来，半阳半刚，只能造出半阴半柔来，反之亦然。如同好女人是好男人塑造的，好男人也是好女人塑造的。女人的温柔不够，是男人的阳刚不足造成的，阴阳是相生相长的关系。而足够阳刚的男人，他的女人一定温柔。男女的性爱，如果完美，就是一个泰卦。这是借人力、人的自然的力量，得到天地生气的方便法门。爱念一生，气就动起来。灵魂的感觉的加盟，最后以肉体的完全投入，完成在神、气的层面已经交合了的完美过程。其实，一次美满的性生活，绝对不是从床上开始的。见面后一起去超市采购时发现好看、好玩的东西的快乐，一起做饭、享受美味、聊天，都是在神交，有了神交就有气交。最后的肉体的交合，实际上已经是神、气、形三交合一了。两个人的合一，已经是六合一了。这时，爱与性，肉体、思想、灵都变成了一个东西，分不清其中的界限，形、气、神、自性已经在四个方面相应了。

《地天泰卦》200cm×150cm，布面油画，创作于2007年　宁波杨先生收藏

真正的阴阳丹法，要通过阴阳相交相感，感得虚空中道炁的直接凝化物，自天而降，自顶入门，进入丹士身中，名"外丹"，曰能长生久视，乃点化凡质。不得此天宝，难证天仙大道。

自性就是本心，就是佛，就是道，就是真我。

　　阴阳交合的形神相应，古代房中称"天平地成"。然而，肉体的相应，不如气机的相应，气机的相应，不如心神的相应，心神的相应不如自性的相应。四相应就包含了人的自然属性、社会属性和超越它们之上的能量。只有志同道合的配偶，才能达到泰卦的境界。天地是个大人身，人身是个小天地。男人是天，女人是地。男人是 A，女人是 B，完全的化合产生的 C（A+B），就是生气，这生气是五藏神的粮食，就是元神的营养品。这个营养品补得好，据道家修炼的书中描述，人可以长生不老、鹤发童颜、聪明过人、智慧超群，也就是俗话说的成仙。采集宇宙的生气、能量补养元神、元气的同时，由于这种生气中带有宇宙的全息，丰富的信息，人也就可以感应到超越时空的，未来将发生的事情，也就是俗话说的元神出窍、开天眼。把人提升到更高的能量世界，进入多维空间。

　　能证悟本性的人不多，要经过艰苦漫长的修炼过程。而懂气机修炼与应用的人，也是万里挑一。人们只知道吃有形的食物，不懂得吃无形的生气，更不懂得吃交合之气。男女交合，妙在阴阳气之合。就像风水描述的生气一样，风的末端，缓缓地停留住，和人的血流速度一样，温温的几乎让你感觉不出来。不是发泄得如同暴风骤雨，而是和煦如春风。不是有意识地早晨出门上班，而是饭后漫无目地地舒缓散步。男女沉浸在那个过程中，就是在借自然的力量，回归各自本色的角色，因此才用 A 和 B 制造出 C，C 是合一的，舒服、爽快、沉迷，实际上是在吃那合一出来的气，也就是阴阳之气。岂知形合容易，气合难！最上乘的交合是神交体不交，气交形不交。男不宽衣，女不解带，敬如神明，爱如父母，寂然不动，感而遂通。一个凝视，已经相当于普通人性交的能量交换了。

3. 通过爱，接近"一"

　　《易经》的泰卦，说的就是这个"一"的境界。而"一"是最大的母亲，宇宙万物皆源于"一"。如果我们人能得"一"，就是得道的圣人。在我们

生命的核心要素　阴阳　CGA

13

的生活中，有一样东西，最容易让我们接近它，那就是爱。爱是普通人进入"一"的方便途径。那个"一"的场是泰，是通，把人的心灵、肉体的气脉都打通，我曾听说过，疯狂的恋爱，可以使癌细胞消失。疾病的发生，根本是我们人体小的场某处坏了，恶场不除，肿瘤尽管已经割掉了，但病还会犯，因为造成疾病的场还在，根子还在。真爱的能量十分巨大，引来的旋风一样的能量场，把人体小的病场破坏了，也就帮助人除了病根。

在爱中如何做就才能走入"一"的神性之门呢？

"一"的境界是生命的核心。在这一刻，你是不能单独进入的，必须和你的伴侣共同进入。而走入之后共同体验的感受是化合的，分不清界限，你就是她，她就是你，物质肉体的空间被突破了。在当下这一刻，只容纳一，没有更大的空间容纳二进去，这一刻的门十分窄，你们只能通过化一才能进入。你们完全不用大脑，不用思维，只是深深地感受，感受是灵魂的语言。美妙变化的感受，是两个灵魂丰富深入的对话，你们的性器官成了你们灵魂对话的工具。

你们在更高层次上放松，两个同伴互相融入对方，互相给予对方生命力，你们变成了一个圆圈，你们的能量开始在一个圆圈里移动，你们互相给予生命、更新生命，没有丧失能量，反而得到更多的能量，身体的每一个细胞都涉入，每一个细胞都变成活生生的，因为每一个细胞都是性细胞。在得到生气的时候，"一"就是一切。你的身就是你的心，你的灵就是你的肉，你的细胞就是你的心，你的生殖器，就是你的灵魂，在那里，你只是"一"，一切的界限都打破了，一切的界限都消失了。那就是你采到的天地生机之气！你的美貌、智慧、财富，一切都是来自这里。

生理的发泄，只是一般的性。而神圣的性，则是没有性欲的念头，只是借性行为对生命的深度的探索。从卵子和精子结合时刹那放电的录像中，可以了解阴阳之气在合一的时候就会放电。人的身心灵三个层面，心是能量波

《道冲》200cm×150cm，布面油画，创作于 2007 年

　　谷神不死，是谓玄牝。女子大药升起时，是在没有性意识忽然蓬勃出来的电感，赛过性高潮，并且持续几小时。此时能守住空性，就是水火既济，就可以结丹。

《兑卦》200cm×150cm，布面油画，创作于2007年

兑为泽，在方位是西方，悦也、说也、决也。对应人体内脏为肺，部位为口。

的层面，把心空掉了，无心状态是灵的层面，灵是光态的。灵所居大脑，灵的眼睛就是所谓的天眼，用现在的话说就是松果腺，它里面有一面反光镜，把体内的电光反射到天目穴。男女交合时阴阳电放的光，闭眼可以在天目穴清楚地看到旋转的太极图、河图等。神圣的性，是说除了生殖、快感以外，性能量还有更重要的神圣功能，还精补脑，利用人体大药，喂养大脑。普通人大脑的大部分精华组织是一生沉睡的，利用性能量里的先天元精化成的元气，冲到头部，就可以激活大面积沉睡的大脑核心层的组织，调动出里面累积的潜能，打开大智慧宝库，一个普通人就成为了圣人。男女在高潮的片刻空掉，那一刻是神圣的。性意念消失，然后性也会消失，你会寻找到通过性而达到的生命核心，那个如如不动的与宇宙同一的宏大世界。《舞蹈观音》（见彩图 160 页）

制心一处是到达一的方法，人本来有两个心，一个自然的主宰叫元神、本心，一个后天意识心，也叫识神。修道就是把两个心合一，人们总是在用强迫的方法让心静下来。这就变得很难，当自身的阴阳合一后，识神彻底驯服，识神也变成元神。优秀的人总是专注的，比如牛顿、陈景润等，在一般人眼里他们是疯狂的，可恰恰就是这种"疯狂"造就了他们的成功，他们是自然制心一处的人。如果你有过进入"一"的境界的体验，你把工作当成进入"一"的工具，在这个境界里做事，由于"一"的巨大的宇宙能量场，手中正在做的事，也就染上了它的能量，确实惊人，数量多出好多倍，效益也超高。七仙女一夜织百匹布，不是神话，是人在"一"的境界里可以做到的。不仅如此，"一"的境界还让人心想事成。没学过的东西，拿起来就能做，做得还挺好，可以无师自通。真的如老子所说的，宇宙天地皆源于一。至人能守其一，诚于一，而定于一，则自通于神，感而遂通，妙应如神。人的大脑核心层被能量激活，就会成为无师自通的人。

生命的核心要素 CGA 阴阳

17

2006 年底 46 岁时，没摸过画笔颜料的我，像疯子一样投入地画了数百张油画，创办了描绘人体先天精气神的道德经艺术馆。在画画的过程中，能够制心一处，天目穴的骨缝自然烧开了，后脑耳旁的两个神窍烧出坑儿，真炁从神窍进入大脑核心层。一般人大脑的大面积精华组织终生睡眠，能量冲到大脑的人，沉睡的大脑细胞被激活，激活到哪个区域，就可以不学成为哪个领域的专家，激活到写书那个区域，你就可以不学成为作家；激活到画画那个区域，你就可以不学成为画家。大脑沉睡的部分是你多劫的德性积累，是你上前辈子攒的钱。身心灵，灵是人体大自然的主宰，是多维空间的自己，有相世界与无相世界同时并存，人是整体性生存的，通过绘画作品，还原人的整体性存在。大脑激活了相当于你破译了灵魂历史上的银行密码，在这个时空花上辈子的钱。不打坐不懂修炼的我出版了《内在小孩解道德经》，有几百人收藏我的画，作为答谢，我教他们返老还童。青春返还，肌若凝脂，我的情况被大面积地复制，我成了当代慧能式的顿悟典型，我的书成为专业修道的庙中修行人的教科书。人们评论我是生命的奇迹，艺术的奇葩。

　　大爱是长生不老药。民国时期荷兰驻中国大使张仲兰，写了一本《阴阳之道》，他年轻时身体壮如牛，那时他在延安做战地记者。新婚的妻子，耗尽了他的体力，每天次数很多，也满足不了妻子。后来，他信奉中医，固精养气，到 85 岁时，每天做爱三次，早祷、晚祷，还有午觉前的午餐，老人的体力虽然不如年轻时了，却可以轻而易举地满足老伴。而普通女人 40 多岁，或绝经后分泌物少，性欲减退等普遍的自然现象，在他夫人身上都不成问题。那是至爱带来的神合、气合产生的奇迹，这也许就是所谓的神仙不老术。另一个美籍华人张绪通，是在美国宣传老子道学的大师。他 70 多岁，像 40 岁的样子。我听过他夫人在电话里的声音，70 岁的老太太，像十几岁小姑娘的稚嫩声。我当时非常感动，那是至阴至柔的气息，是骨头都如水样的女人才会发出的声音，是 50 多年来张老师的气温养出来的。

这两位道学大师的例子，告诉我们真爱的奇迹，更加验证了泰卦是最好

《艮卦》120cm×150cm，布面油画，创作于2007年

艮为山，在方位是东北，止也、阻也、成也。对应人体内脏为肺，部位为胳膊。

的原因：当配偶成为至阴至柔和至刚至阳的生命时，那就是人间的神仙。男人以阳刚之气，用文火熬老汤，几十年的温养、输出，女人以阴柔之气，用几十年时间慢炖，二人合力才画出了一个泰卦。

泰卦是生命的理想境界，是最富足的生命。当代人，虽然有的很有钱了，或者很有名气了，很有成绩了。可是你看，他们消耗得又老又疲惫，已经异化成他们追求的东西了，对生命来说，依然是赤贫的。

在我看来，人在45岁之前，完成社会角色的全部任务，长肉体，长智力体，取得功名利禄，完成婚姻、家庭、养老、养小的责任。之后，回到第二个童年，把自己重新变成一个儿童，单纯、自然。把当社会角色时的逻辑、思维、理论、哲学等等，一切都打碎，做到老子说的绝圣弃智，一切追随自然，虽然是成年人，但是本真、质朴、直率如孩子。这是我2006年初版《易经中的生命密码》写的，到2012年，我已经做了五年的老小孩。听说修行好了的标志之一，就是是否回归单纯了。

人应当在45岁时对人生有了较高的生存境界，不是不做事，而是为了好玩，快乐做一切。社会不再以这个人得了多少论成败，而是以奉献了多少论英雄。不再需要合同，不再需要制约，而是自然的本性流露如此。到这时，才有真正的和谐社会。能做成一个自然人，才是最高级、最快乐的生命。而社会角色的任务没完成，生活在焦虑与压力之下，很难做好自然人，但是至少要明白做快乐的自然人才是生命的方向。所谓的自然人，就是个阴阳极其和谐的泰卦人。你可以青春不老、不生病、无疾而终。

一气含阴阳，就是太极图，外边的圆圈是一气，白色的是阳生，黑色的是阴降。宇宙螺旋场的图是个旋转的大太极，人是个小太极。大小太极之间的通道打开，就会得一万事毕。人体后天向先天的转化，返老还童进入自动变化的程序，不需要人为的练功与干预。

《黄庭圣婴》200cm×150cm，布面油画，创作于2007年

　　大脑思维停止了兴奋，昏默默的，这是无分别心的状态。在这个状态昏进去，但里面的觉察还在。这个昏是后天意识心下班，先天元神上岗。静极生动，忽然一觉而动玄关开，从无中就生出有来。

《虚空阴阳》创作于 2010 年，布面油画，100cm×150cm

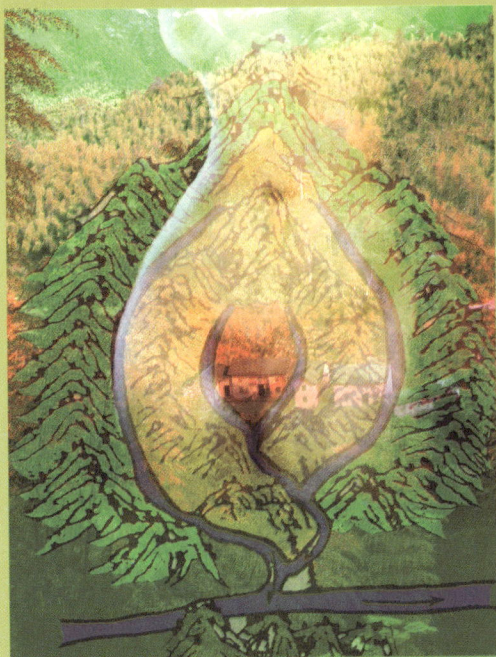

《易经》就用天、地、风、雨、雷、电、山、泽八种自然现象代表的八卦，在反映着聚合与分离的群体，彼此调和与冲突的关系。而风水，是《易经》在方位上的应用，是对人们居住行为的指导。

2. 生命的外场衔接
——风水

增加、增益、受益。

离类之卦，故其还有离卦的光明、名声广等意义。

其人性格为内急促外细致、运气好，经常有利益送上门来的机会及有所得等状态。

颜色由54％的蓝色与45％的绿色合成。

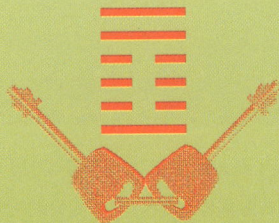

益卦

《盗天地生机》创作于 2007 年，布面油画，150cm×200cm

在避风藏炁的地方，借天地的生气而居。静中微弱的气动，那是生机的起始，天地的大元气。
女人体就是先天一炁（元气）——道的化身，天地人都是道的子女，所以叫天下母。

《易经》是阐述人与自然关系的一门应用艺术。宇宙，在天上，呈现出日月星辰、昼夜、以及季节气候等现象；在地上，形成山河、动植物等各种形体，产生错综复杂的变化。而宇宙的动静变化的规律，在动则刚毅，静则柔和的阴阳之道的牵引下演绎着，《易经》就用天、地、风、雨、雷、电、山、泽八种自然现象代表的八卦，在反映着聚合与分离的群体，彼此调和与冲突的关系。而风水，是《易经》在方位上的应用，是对人们居住行为的指导。

我们所处的环境，从物理的角度说，有地热、磁场、放射性物质，微生物这些物质与场信息，每时每刻都对我们发生着影响，比如，地球重力场强的地方，人就长不高。在地质断层带生活的人，癌症发病率高，车祸发生率是一般地方的 10 倍；从水文地质的角度说，土质、水质所含的有机、无机物，对人的影响不同；宇宙星体对地球的磁场、气候、旱涝、灾荒、疾病等影响更是巨大；从人体生命信息的角度说，不同的生命信息能量，在不同的位置与不同的自然能量对接、交换，影响也不相同。

1. 和阴阳

阴阳是《易经》的核心，也是风水的关键。风水，首先要解决好阴阳场的问题，以往的一些风水书，都说门、主、灶重要，门就是如何接引生气入宅，主指住宅的主卧，灶指住宅的厨房。其实，阴阳场的布置，才是根本。

生命的核心密码 DNA 的分子结构是个双螺旋，两条核酶酸链彼此对应缠绕构成一对相互依存、相互制约的阴阳。人体的阴阳必须与外界环境的阴阳场一致，否则，住宅环境的阴阳场要是颠倒了，人体阴阳场也颠倒，人的气血就会混乱，百病丛生。《黄帝宅经》说："夫宅者，乃是阴阳之枢纽。"是以阳不独王，以阴为得（阳宅为宜修阴方）；阴不独王，以阳为得。亦如冬以温暖为德，夏以凉冷为德。《易诀》云："阴得阳，如暑得凉，五姓咸和，

生命的外场衔接 CGA 风水

百事俱昌，重阴重阳则凶，阳宅更招东方、北方，阴宅更招西方、南方，为重也。凡诸阳宅，即有阳气抱阴；阴宅，即有阴气抱阳。"

阴阳是生命的核心，住宅是生命的载体，所以要处处留意阴阳。比如，冬暖夏凉就是阴阳，在北方，造屋时的朝向坐北向南，就可以达到冬暖夏凉的目的。再比如，阴宅修在东方，阳宅修在西方，这又是一个阴阳。住宅背后有靠山，前面有流水，山水可以藏风聚气，在这个环境里居住，就可以尽享天地生气。山水也是一对阴阳。

在一个住宅内部，也应是无处不阴阳。首先，明白阴阳位置，这是阴阳场正确与否的致命关键。我们现代的方位观念，认为上北、下南、左西、右东。而《易经》后天八卦的方位是上南、下北、左东、右西。东、北为阳，南、西为阴，东北、西北为阴位，东南、西南为阳位。从住宅的建筑结构来说，阳位一定是实墙，阴位一定是门窗。从河图、洛书中得知的方位的阴阳关系，与现代住宅建设差距较大，北边是阳位，可是为了通风，现代住宅北面都有窗户。要处理好室内的阴阳关系，把一面墙分成三等份，北为阳位，正北的部位一定不能有窗，而东北、西北为阴位，可以把窗户改在这两个部位，就可以解决通风问题，同时又照顾了阴阳得位。东南、西南为阳位，如果是实墙，东北、西北是窗户，实为阳，虚为阴，这构成了两对阴阳。如果没有窗户，就在阳位放高柜子，在阴位放低柜子，高为阳，低为阴。除了八个方位的阴阳关系外，高的电视柜和矮的茶几是一对阴阳，沙发和茶几也构成一对阴阳。电器、电脑、电话都是阳，在同一间屋子里，阳的东西不能过于集中，否则就阴阳失衡，场偏阳，人就容易亢奋、急躁等。

《黄帝宅经》说："宅有五虚，令人贫耗；宅大人少，一虚；宅门大内小，二虚；墙院不完，三虚；井灶不处，四虚；宅地多屋少、庭院广，五虚。"宅的大小和人的多少是一对阴阳关系，要平衡；比如，一个 7 米长的阳台，放 3 盆植物，就可以了，再放多了，特别是再放更大的植物，单位空间面积

《玄牝通天》创作于 2007 年，布面油画，150cm×200cm

　　牝，指母也指产生的门户，修真的门户和关窍所在，进入先天的人天通道。武则天的乾陵选的是一个女人体的山形，双乳峰和空中的抽象的双乳，那里在向有缘人昭示女丹得大药的密窍。

的生气有限，高大的植物把生气夺走了，矮小的植物就容易枯萎，可见数量与空间要有合适的比例。住宅和门是一对阴阳，住宅和院墙也是一对阴阳，水和火是还一对阴阳，住宅和院落也是一对阴阳。可以说，住宅无处不阴阳。

我看过一处房子，一家四口人，其中三口都很好，身体、工作、学习都很好。但是，这家的老大不好，不想念书，面部偏瘫。看他们各自的房间，情况好的人，房间里的阴阳场基本是对的，而情况不好的老大的房间，八个方向的阴阳场，有五个方向是错的。老大住在阁楼上，顶子是斜的，人体睡卧时，空间距离不一样，南面整个都是窗户，东南、西南为阳位，应该是实墙，东为阳，东面不能开窗，可是这里东面不仅开了窗，东面的窗和南面整墙的窗连起来，造成了卧室的生气一半外泄的格局。这个孩子的卧室不仅聚不住生气，还有邪气。她的精神、身体状况证明了错误的阴阳场对她身心的伤害。

能量场好像是虚无的，生活中的事儿却是实在的，可以验证能量场的好坏。好事就是场好，坏事就是场坏。健康、智慧、工作顺利就是好事，这家人的住宅风水一定不错。反之，则一定是能量场有问题。2011年11月在上海讲《元气能量场》，当讲课前看完了一位朋友的房子时，我仿佛一下子从天上掉在了地下。我这个不食人间烟火的人，准备讲的风水，也是如何把住宅变成长生殿的理想主义。我想风水和修身一样，都是要接通宇宙元气，不过是接收器不同，一个是房子，一个是人。返老还童的操作的课程，讲了人如何接通宇宙能量，但是房子和人是一体的，是人的生命能量场的外延，和人的健康命运密不可分。两天展示人体先天地图的生命大课，已经是时间非常不够用，风水这部分没来得及讲，这一课也是必须的，我就担心学员不懂风水，房子有问题造成干扰。

我担心的果然有道理，在上海看了几处朋友的房子，真是触目惊心。天地控制人类，只须通过场的轻轻一合，富贵贫贱，穷通寿夭就被决定了。可惜，不能通有入无的人们，看不见这只无形的手，无辜地被一个个错误的磁

场摆布。再看看她们受的苦，心疼得要崩溃。好坏两相对比，我更感叹《易经》的伟大。

河图洛书描述的天地的阴阳关系，八卦的场性，是绝对的生命真理。卦就是圭，古人用来测量日影长度的尺子。易，就是日月变化。以日出、日落确定东西，白天正午时影子最短，确定南方；夜晚，以北极星确定北方。冬至的日影最长，为一年的起算点，测定一个回归年为 365.25 日。再观察星辰的变化，根据北斗星斗柄的指向，东为春、南为夏、西为秋、北为冬、四季细分为二十四节气。就是这样简单、质朴的天文背景下产生的八卦，八种场态，概括了一切事物的变化规律。

100 平米的住宅，西南是坤卦，正南方是离卦，人们会觉得相差没有几尺的距离，还有什么差别？但我们先天的眼睛，元神的眼睛天眼看到的气息，一个充满生气，一个就极其阴气。卦就是场，在西南方位的坤卦做主卧，家庭的主体是婚姻，婚姻就会缺少生气，主人的身体就会非常瘦弱。再看过分多的干花，那是伤肺的燥气，让人火气大，生命失去水分，做事缺乏柔和。有一条看不见的能量链，通过我们的神经传遍我们的全身，又与我们所遇的人和事的能量相连。生活中的每件事都有吸收、转化能量的能力。

果然，女主人因为肺的原因病危，曾经脾气很大，生活糟糕到了极点，而干花也是家庭变故后摆放的。她现在死而后生，已经开始走上觉悟之路。她感到从未有过的开心、自然、自主、快乐与新生。我却为她心痛，如果不受这么大的苦就心性开启多好。我仿佛站在人天的中间，两边都看到了，一面是天发杀机，一面是混沌的人们。虽然最美的雕塑遭匠人的斧凿最多，但是老天下手也太狠了。却也怨不得老天，恶果都是自种自因，只是当局者迷，不知道哪辈子种的，元神上携带着，在一定的因缘际会下就集中释放出来。一方面又着急多数人看不到能量场中的信息，不知道能量世界的阴阳平衡。我们元神携带的信息，祖先的信息荫及到现在。认识能量场，清理能量场，

生命的外场衔接　CGA　风水

29

其实是修心的一部分。住宅环境是人精神的一面镜子，清理到位，心性就提升了。一个思维简单明澈的人，绝不会让小人玩具坐在抽油烟机上，每天在火烧小人，小人能不报仇来捣乱吗？比类取象，一个象就是一个能量场。易经是整体思维，能量场好比是个整体的西瓜，事件是西瓜当中的一个点，这个点是整体信息决定的。修道就是打破有形和无形的界限看到整体，天眼没开时，《易经》的卦场就是我们的天眼，借着卦看到整体的能量。

2011年11月在上海讲风水，只是列举了一些严重伤害的格局，课后就接触到一个实例。一位女士，听课时身体就有了诸多良好的反应，元精发动，一周时间脸上的瘢就消退了很多，她非常高兴。可是这次见面说腰痛。明明是命门起火了，坐到哪里，哪里都是发烫的，竟然还腰痛，我也纳闷。看了她的卧室我明白了，房子租期将至，他们还准备延续。我明白了她的腰痛原因，劝她立刻搬走，早一天离开早一天躲开伤害，大人孩子的睡房简直是无处藏身。这个屋子有几处严重的错误：①卧室落地窗太大，床全部露着，应该有高过床的墙把床挡住，气才会聚在床上。②厕所门冲着床，污秽的阴气射过来。③厕所的门窗和卧室的窗户在一条线上，从床上切割而过，典型的伤肾的穿心箭。④床尾的镜子照在床上，吸人的气，又把窗户进来的生气反射到室外。我感到触目惊心，造房子的，把房子租给别人的，租房子的人都怎么了？这位女朋友只觉得不舒服，不知道为什么，糊里糊涂地住进来。人们的灵魂都变得如此麻木不仁，这也是让我深有感触的地方。她们都热衷学身心灵课程，在理上有了超越的理解，可是内在小孩没有被唤醒，还活在大脑的理性层面，没有进入活生生的能量层面。

阴阳就是生机、生气。在财位（大门的对角线上）放一盆滴水观音等大叶茂盛植物，看它是否依然茂盛，植物的枯荣是天地的阴阳之气和环境状况的反映，天人感应，天和植物也有感应。化工厂、钢铁厂附近的花草大都焦黄枯萎，那是工业废气对植物的污染。室内财位摆放植物的变化，可以观察

财位气场的变化和室内空气信息的变化。而阳台上养的花草，也是住宅阴阳场变化的"晴雨表"。当夏天持续的高温、闷热后，人的眼睛上火模糊，花草也打蔫和叶子泛黄，风不够，影响植物的呼吸，湿气和闷热都令其细胞不适。

2．和命相

由于每个生命都是特殊的，不同的方位对其影响不同。又由于八卦代表的八宅的吉凶位不同，所以住宅的卦位最好和主人的本命卦一致。

西元	生肖	男命卦	女命卦	西元	生肖	男命卦	女命卦
1912	鼠	7兑	8艮	1937	牛	9离	6乾
1913	牛	6乾	9离	1938	虎	8艮	7兑
1914	虎	5坤	1坎	1939	兔	7兑	8艮
1915	兔	4巽	2坤	1940	龙	6乾	9离
1916	龙	3震	3震	1941	蛇	5坤	1坎
1917	蛇	2坤	4巽	1942	马	4巽	2坤
1918	马	1坎	5艮	1943	羊	3震	3震
1919	羊	9离	6乾	1944	猴	2坤	4巽
1920	猴	8艮	7兑	1945	鸡	1坎	5艮
1921	鸡	7兑	8艮	1946	狗	9离	6乾
1922	狗	6乾	9离	1947	猪	8艮	7兑
1923	猪	5坤	1坎	1948	鼠	7兑	8艮
1924	鼠	4巽	2坤	1949	牛	6乾	9离
1925	牛	3震	3震	1950	虎	5坤	1坎
1926	虎	2坤	4巽	1951	兔	4巽	2坤
1927	兔	1坎	5艮	1952	龙	3震	3震
1928	龙	9离	6乾	1953	蛇	2坤	4巽
1929	蛇	8艮	7兑	1954	马	1坎	5艮
1930	马	7兑	8艮	1955	羊	9离	6乾
1931	羊	6乾	9离	1956	猴	8艮	7兑
1932	猴	5坤	1坎	1957	鸡	7兑	8艮
1933	鸡	4巽	2坤	1958	狗	6乾	9离
1934	狗	3震	3震	1959	猪	5坤	1坎
1935	猪	2坤	4巽	1960	鼠	4巽	2坤
1936	鼠	1坎	5艮	1961	牛	3震	3震

命卦 1

西元	生肖	男命卦	女命卦	西元	生肖	男命卦	女命卦
1962	虎	2坤	4巽	1987	兔	4巽	2坤
1963	兔	1坎	5艮	1988	龙	3震	3震
1964	龙	9离	6乾	1989	蛇	2坤	4巽
1965	蛇	8艮	7兑	1990	马	1坎	5艮
1966	马	7兑	8艮	1991	羊	9离	6乾
1967	羊	6乾	9离	1992	猴	8艮	7兑
1968	猴	5坤	1坎	1993	鸡	7兑	8艮
1969	鸡	4巽	2坤	1994	狗	6乾	9离
1970	狗	3震	3震	1995	猪	5坤	1坎
1971	猪	2坤	4巽	1996	鼠	4巽	2坤
1972	鼠	1坎	5艮	1997	牛	3震	3震
1973	牛	9离	6乾	1998	虎	2坤	4巽
1974	虎	8艮	7兑	1999	兔	1坎	5艮
1975	兔	7兑	8艮	2000	龙	9离	6乾
1976	龙	6乾	9离	2001	蛇	8艮	7兑
1977	蛇	5坤	1坎	2002	马	7兑	8艮
1978	马	4巽	2坤	2003	羊	6乾	9离
1979	羊	3震	3震	2004	猴	5坤	1坎
1980	猴	2坤	4巽	2005	鸡	4巽	2坤
1981	鸡	1坎	5艮	2006	狗	3震	3震
1982	狗	9离	6乾	2007	猪	2坤	4巽
1983	猪	8艮	7兑	2008	鼠	1坎	5艮
1984	鼠	7兑	8艮	2009	牛	9离	6乾
1985	牛	6乾	9离	2010	虎	8艮	7兑
1986	虎	5坤	1坎	2011	兔	7兑	8艮

命卦 2

　　十二属相，在东南西北四正位各一个，在东南、西南、东北、西北各两个。比如，坐落在西南方位的1944年属猴的人，在选择住宅时，选择坐西南朝东北的住宅。在八宅中叫坤宅，而1944年的猴，风水的方位卦是坤卦，本命卦也是坤卦，卦就是场，坤卦的场信息为地、为母、为吝啬、为均、为容、为文、为众、为顺，也表示空无、虚无、没有的状态及隐藏、躲避、暗藏、藏起来等状态，故可表示懒惰、无力、空旷、虚无的状态，对人来说为体质虚弱、脾虚、气虚无力、湿气重、懒惰等状态。

每个人忠实地做好他自己，就会顺利。坤命卦的人，生活在坤宅，口诀说同类为比和为强旺。同卦就是同场，相同的能量加在一起，就有加强的作用。八个方位，有一半好位，一半坏位，八宅都是如此，上天是公平的。所谓的吉，就是针对特定的卦位，处于生气的上升状态的位置。所谓的凶，就是生气下降的位置。坤宅东南是五鬼位，大凶；正南是六煞位，次凶；西南是伏位，小吉；正东是祸害位，次凶；正西为天医位，中吉；东北为生气位，上吉；正北为绝命位，大凶；西北为延年位，上吉。所谓的吉凶，其实是说的阳气的强弱，站在西南方位的视角，东南的五鬼位是巽卦属木，因为坤卦属土，木克土，是五行的阴性循环阳气下降，所以不好。正南的六煞位是离卦，离属火，火生土，能量消失，所以也不好。西南的伏位是坤卦，与主人命卦相同，有相生的效应，所以好。正东的祸害位是震卦，震属木，木克土，所以不好。正西的天医位是兑卦，属金，土生金，所以好。东北的生气位是艮卦，属土，两个土比和，吉；正北的绝命位是坎卦，坎属水，土克水，所以不好。西北的延年位是乾卦，属金，土生金，所以吉。

　　知道了自己命卦的吉凶方位，就要把重要的门、床、灶、书房放在四个吉位，其他放在不好的位置上，特别是厕所这一污秽之处，放在东南的五鬼位，用以毒攻毒的手法避凶。门是生气的入口，一定要放在吉位。把门放在西南小吉的伏位，如果希望长寿，把卧室放在西北方的上吉延年位。西北方是乾卦，是主宰、首领、主人的方位。正西中吉的天医位，放书房，选择文昌位的房间做书房，选择书房里的文昌位放书桌，坤宅的文昌位在正西。东北为上吉的生气位，把灶台设置于此，隐含着一家人的财源会很兴旺的寓意。

　　八个方位的吉凶位，是根据天体的星辰命名的，这里面有天对人的感应的思想，也有五行关系的和谐与否，生就吉，克就凶，是五行代表的金、木、水、火、土之间的金气、木气、水气、火气、土气的相生与相克。如果你感觉生克概念陌生，换成现在的说法是和谐与冲突，你就觉得好懂了。

3. 预警疾病和死亡

十二个属相，分布在八个方位，每个方位，对应人体的不同器官，《易经·说卦传》说：乾为首，坤为腹，震为足，巽为股，坎为耳，离为目，艮为手，兑为口。

西北方的乾卦主大脑，这个方位的两个属相是狗和猪。这两个属相的人从一出生，遇到的外场就是乾卦，是金星当值。他们的内场与金星的金气结合，形成新生儿的生命场，这个场伴随他们一生，这个场对应人体的头部，这两个属相的人，天生就注定会在脑部出问题的可能。脑血栓、脑中风、脑淤血、帕金森、脑肿瘤等疾病，可以说先天就带着这种信息。

西南方的坤卦主腹部，这个方位的两个属相是羊和猴，坤卦属土，是土星当值。这两个属相的人，先天带有脾大，大肚子病，脾虚，湿气重的皮癣，糖尿病等信息。

东北方的艮卦主手、筋骨和后背、小肠，这个方位的两个属相是牛和虎。艮属土，是土星当值。这两个属相的人，先天带有手痛、后背痛、筋骨痛、慢性肠炎等信息。

东南方的巽卦对应的是股部和胆，这个方位的两个属相是龙和蛇。巽属木，是木星当值。这两个属相的人，先天带有胯骨痛、胆结石等信息。（插图顺天则生）

正东方的震卦主足和肝，这个方位的属相兔。震属木，是木星当值。这个属相的人，先天带着肝炎、腿痛等信息。

正西方的兑卦主肺和气管，这个方位的属相是鸡。兑属金，是金星当值。这个属相的人，先天带着肺炎、肺结核、肺气肿、气管炎、咽炎等信息。

正南方的离卦主眼睛和心脏，这个方位的属相是马。离属火，是火星当值。这个属相的人，先天带着心脏病、心肌梗塞、近视眼、青光眼、白内障等信息。

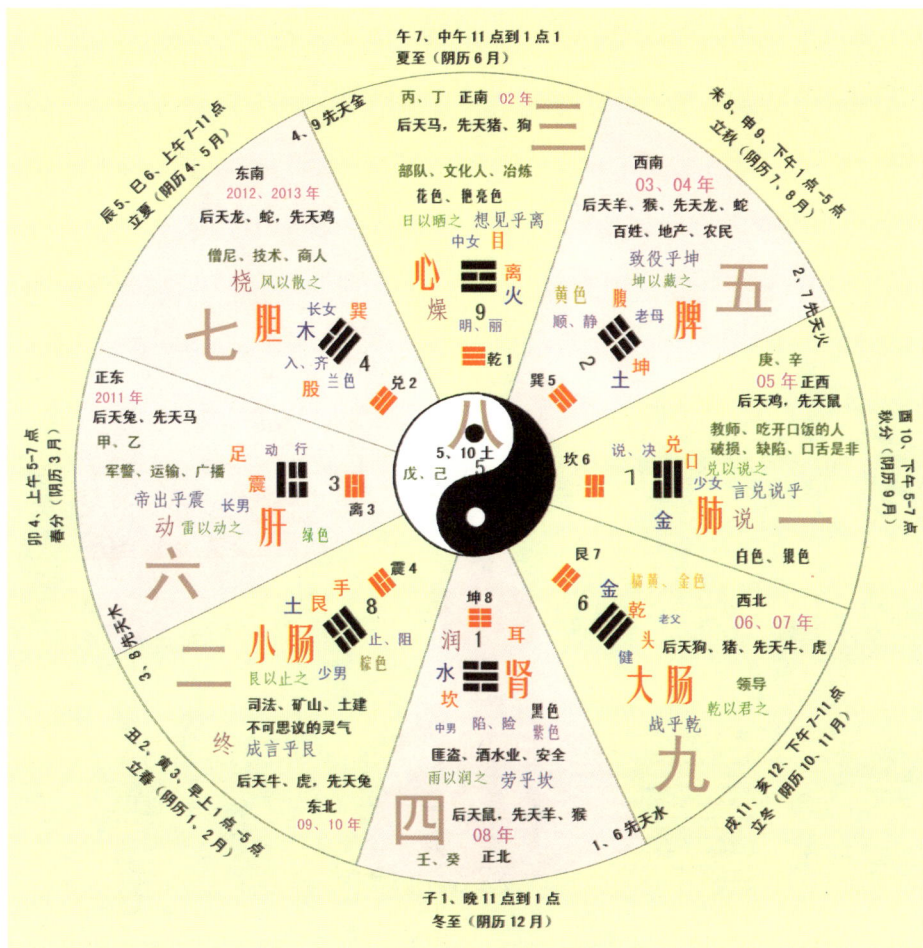

午7、中午11点到1点1
夏至（阴历6月）

丙、丁 正南 02年
后天马，先天猪、狗

部队、文化人、冶炼
花色、艳亮色
日以晒之 想见乎离
中女 目
心 燥 离 火
明、丽
乾

未8、申9、下午1点-5点
立秋（阴历7、8月）

西南
03、04 年
后天羊、猴、先天龙、蛇
百姓、地产、农民
致役乎坤
坤以藏之
黄色 腹 老母
顺、静 坤
五 脾 土

巽 长女 巽
入、齐 兰色
木

辰5、巳6、上午7-11点
立夏（阴历4、5月）
东南
2012、2013 年
后天龙、蛇、先天鸡
僧尼、技术、商人
桡 风以散之
七 胆

4-9 先天金

庚、辛
05年 正西
后天鸡、先天鼠
教师、吃开口饭的人
破损、缺陷、口舌是非
兑以说之
说、决 兑 口
少女 言兑说乎
金 肺 说
一

2、7 先天火

酉10、下午5-7点
秋分（阴历9月）

正东
2011 年
后天兔、先天马
甲、乙
军警、运输、广播
帝出乎震 长男
动 雷以动之
震 肝 绿色
足 动 行

八
5、10土
5
戊、己

坎 6
说、决
1
兑
7

白色、银色

震 4

坎 8

3、8 先天木

六
二
小肠
土 艮
止、阳
棕色
艮以止之 少男

司法、矿山、土建
不可思议的灵气
成言乎艮
后天牛、虎、先天兔
终

丑2、寅3、早上1点5点
立春（阴历1、2月）

坤 8
1
润
水肾
坎
中男 陷、险 紫色
匪盗、酒水业、安全
雨以润之 劳乎坎
后天鼠、先天羊、猴
08 年
四
壬、癸
正北

子1、晚11点到1点
冬至（阴历12月）

艮 7
6 金 乾
橘黄、金色
老父
后天狗、猪、先天牛、虎
西北
06、07 年
乾以君之 健
大肠
领导
战乎乾
九

戌11、亥12、下午7-11点
立冬（阴历10、11月）

1、6 先天水

卯4、上午5-7点
春分（阴历3月）

耳
黑色

35

顺天则生

这是人人都要看懂的一张图，它标示的是天地的阴阳，粉色的是阳位，黄色的是阴位。八个方向四对阴阳，丝毫不能错，错了就是阴阳颠倒，气血混乱。比如肾必须藏，正北对应肾，就不能开门、开窗。正南是阴，对应心脏，心是离卦的火，火就要水来平衡，否则就会上心火，正南就要开门窗。正东对应肝脏，肝是升阳气的，阳位就要实墙。正西对应人的肺，肺要凉，肺热就是感冒发烧了。天地阴阳对应人体的五脏六腑，顺天则生。

正北方的坎卦主肾和耳朵，这个方位的属相鼠。坎属水，是水星当值。这个属相的人，先天带着肾炎、肾坏死、尿毒症、耳鸣、美尼尔等信息。

《离卦》120cm×150cm，布面油画，2007年。

离为火，在方位是南方，丽也、明也。对应人体内脏为心脏，部位为目。

而在现实当中，情况复杂得多，但是，不是没有规律可循。比如，本命卦位，本命卦的先天卦位，本命卦的对冲方位，这三个方位的疾病，对人的影响最大。

西北方乾卦主大脑，对属狗、属猪的大脑会有影响，但是，西北对冲的方位东南巽卦的股部疾病和胆部疾病，对属狗、属猪的也有影响，正南方离卦的心脏、眼部疾病，对属狗、属猪的也有影响。

以此类推，每个属相，在十二年中，都有三个难关要过，这还要配合年份。比如1944年的男猴本命卦是坤卦，1956年的男猴本命卦是艮卦，在2004年属猴的本命年时，艮卦在东北，是西南坤卦的对冲方位，对艮卦的1956年的猴伤害最大，无数的1956年的猴，在2004年这个年份里遭殃，而1944年的猴是坤卦，有点小病，无大碍。

如果三个难关，生命的三个坎儿合一的时候，往往就是上天说拿命来的时候，也就是人的寿数的大限所至。

笔者的母亲2002马年去世。母亲是1934年属狗的，本命卦是3震卦，属木。本命的后天方位在西北的乾卦，乾卦的先天方位在正南，正南方的后天卦是对应心脏的离卦，大脑和心脏都是致命的部位，再加上肾脏的伤害，三个方位，三个要命部位的伤害，要了母亲的命。乾卦就人身体而言，有硬化疾患（多为血管、头脑部）的含义。马年的春节来客人太多，老人太累了。她的生命能量场已经非常弱，当自然宇宙能量场运转到这个对属狗的老年人伤害最惨烈的年份时，巨大的来自宇宙的能量，将它在同一个方位降生的女儿的灵魂召唤走了。

为什么人的本命卦影响人的一生呢？因为在人降生的那一刻，人的内场的平衡被完全打破，人必须极大地调整自己的内场，以与陌生的外场协调，人生下来第一个声音是哇哇的哭声，就是因为内场与外场适应的过程是痛苦的蜕变，在这个蜕变过程中，新建立的内外融合了的平衡场，成为人的生命能量场的一部分，盖上了终生的烙印，人的基因在这种外场的作用下发展。

生命的外场衔接 CGA 风水

这种外场的力量影响人的一生。比如，属狗的，属相的方位在乾卦，乾卦的金星能量场，是对他影响最大的外场。在这个场出生的人的内场，带着与之相同的信息，场性相吸，自然就把相同的场招来了，招来的同时，也招来了麻烦，那个场里所带的伤害也同时引来了"外鬼"。

水生木，木生火，笔者母亲患的是糖尿病，肾水亏生不了肝木，木无法生火，火生土不足，胰腺、脾脏属土，就出问题。风水学里有一个忌讳叫对冲煞，就是来自对面方向直冲过来的能量的伤害。在八卦方位图上，2002 年马年的离卦的对面是坎卦，坎主肾，主过劳，是伤肾的天体能量，而且对冲的力量是最大的，对宫的伤肾，本宫先天卦位的伤心脏、大脑，病弱多年的人难逃此重劫。

当了解了自然宇宙能量场与人体的关系后，再回头来看笔者母亲住的房子：东屋，整个屋子正对着大门，直冲的路把生气吹跑了，院子大门的接纳生气的路线，刚好绕过东房，天心位，生气的凝结处在北屋，母亲住的屋子缺乏生气，属狗的应当睡在西北方，可母亲睡觉的方位在东南，床距离北边长，距离南边短很多，等距离才阴阳平衡，距离悬殊太大，就是阴阳失衡。卧室的八个方位，西北为阴，可母亲的卧室的西北放了大衣柜。东南为阳位，可是却开了窗，又是一个方位的阴阳颠倒。她身上接收的宇宙能量场是阴阳失衡的，身体被塑造成了颠倒的阴阳场，气血失调，加上精神不愉快，内场紊乱，得了糖尿病。在 2002 年，天时转到，对大脑、肾、脾脏等来说是巨大恶性的能量袭来的时候，天场与自身极其贫弱的小场一打照面，一相应，老人就再也没有能量对抗了，像枯叶遇到龙卷风，就被卷走了。

如果你的身体非常健康，内场非常好，天体转来的伤害的能量你可以抵抗过去，抗过去，就是躲过去了。但是你的身体很差，伤害的能量一来，你的病场会恶性膨胀，甚至有性命之忧，躲是没处躲的。

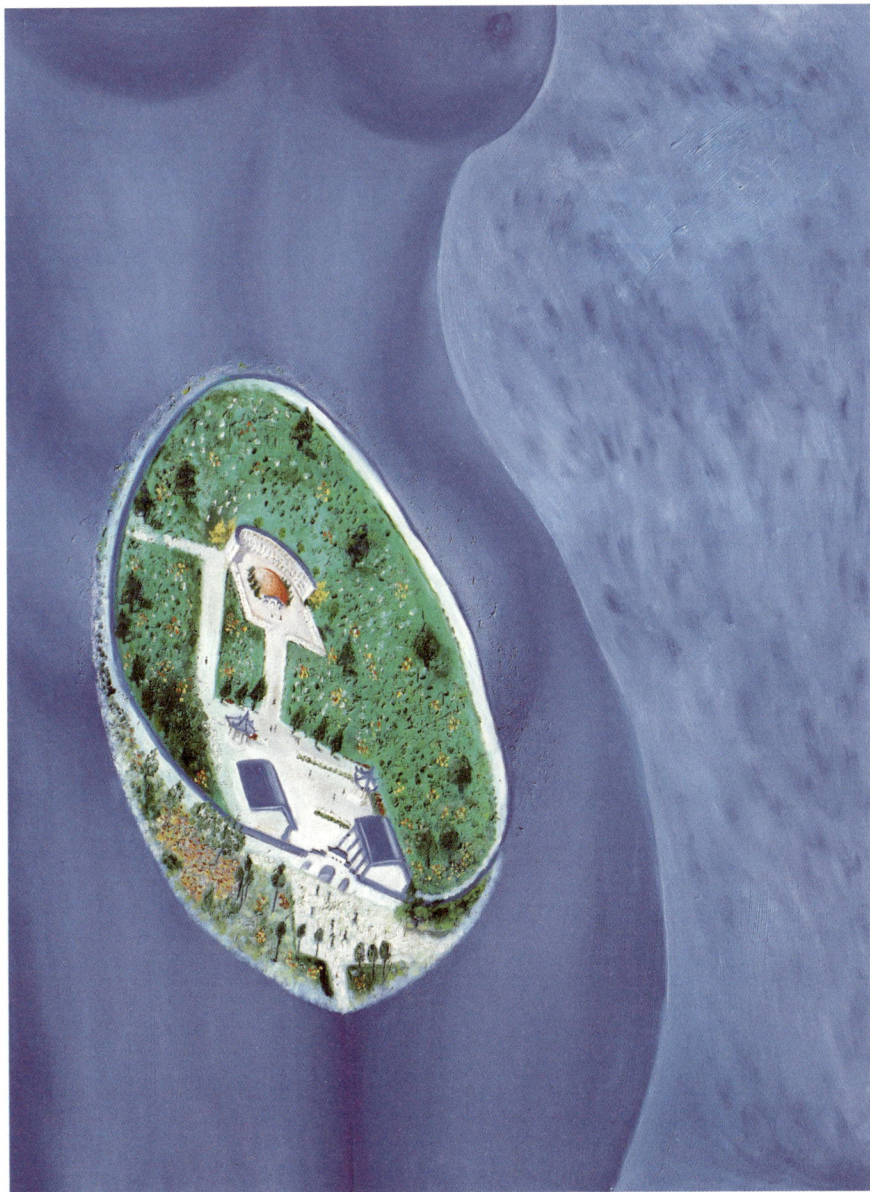

《乘天地生气》创作于 2007 年，布面油画，150cm×200cm

　　子宫是女子元精的发源地，产药的风水宝地。女人体就是先天一炁——道的化身，每个人都是天上的一口元气投胎来的，利用胎息接通投胎那口元气，人就返老还童。

生命的外场衔接

风水

CGA

4. 人必须尊重自然

自然宇宙的一体性决定了人与自然相互影响而存在，《易经》就是从这种整体性出发，从人与自然的关系出发，预测即将发生的事情。当事情从被预言到得到确认之后，人们会感到《易经》的神奇。因为，人们不了解自然与人的整体性的存在，没有立体的时空观念，只看到了物质的现实和心头的思想，看不到自然外场的时空能量对人的影响和作用，所有的事情都是人的内场与自然宇宙的外场相互作用产生的。

学了《易经》的人就会明白，没有纯粹的偶然，一切偶然的事件背后都是必然。2005 年是鸡年，时空能量场转到正西方的兑卦上。兑卦的含义是口舌是非，夫妻吵架离婚，关系破裂，人要受伤，要破财等等。从这些破损现象，可以看到是兑卦之象，这种能量场加重了这些不好的事情的分量。一些家庭关系不稳定的人，在这一年更应小心，以免被感情破裂搞得焦头烂额。在地球围绕太阳转，月亮围绕地球转，三者转到正西方时，形成一个弥合不上的缺口，古人把它叫白虎星，意思是这是一个凶恶的、破坏的、灾难的天体能量，所以，《易经》把兑卦放在正西方白虎星对应的位置，这是个灾星，天人感应，天体和人体都是信息体，共存在一个时空时，就有交换、转换，人间就会发生这个能量场里包含的灾难。

人的内场与外场和谐，有几种情况：一种是人处于良好的上升、发展状态，与正东方的震卦所代表的发展、创造等星体的力量相应，外场就是你上升的助推器，内外相应，诸事顺利，好运连连。第二种情况，如果你的内场衰弱、混乱，在好的星体的外场作用下，还问题不大，如果再遇到坏的外场，如白虎星体的破坏性能量来逞威，那你就难免恶运不断。如果你已经病得很严重，再赶上天体恶的外场的到来，你的命可能就被拿走了。这也就是人的寿命、

天数、大限。所以，场好了，身体、事业、财运都好，场坏了，健康、事业、财运等都跟着坏。

老天爷什么时候拿我们的命走，我们谁说了都不算，我们只是宇宙中的微尘。地球每时都在围绕地轴旋转，每秒大约运行458.8米，除了自转，地球还围绕太阳公转，速度是每秒30公里；太阳系又以每秒250公里的速度围绕银河中心公转，每年行程76亿公里，而银河系又以每秒600公里的速度奔向长蛇座。在这样大的时空跨度上，感到自己极度的渺小，是自然宇宙主宰着我们。

太阳系的五星，金星、木星、水星、火星、土星是离我们最近的几颗行星，它们对人体疾病的发生有不可忽视的作用，所以《素问·气交变大论》说："岁木太过，风气流行，脾土受邪……岁火太过，火暑流行，肺金受邪……岁土太过，雨湿流行，肾水受邪……岁金太过，燥金流行，肝木受邪……岁水太过，寒气流行，邪害心火……"。 人体与五星的运行有密切的关系，人体气息的变化是随自然气候、星象时空变化的。用卦来分析四时盛衰：农历一年分为十二月、二十四气、七十二候，每月二气，每气三候。与乾坤时空链对应关系是：每月一卦，每卦二气，每卦六候。

乾坤时空链与农历十二月对照表。

一月		二月		三月		四月		五月		六月		七月		八月		九月		十月		十一月		十二月	
立春	雨水	惊蛰	春分	清明	谷雨	立夏	小满	芒种	夏至	小暑	大暑	立秋	处暑	白露	秋分	寒露	霜降	立冬	小雪	大雪	冬至	小寒	大寒

这些天文、星相学的科学依据告诉我们，自然宇宙能量场，是控制我们人类生命的主宰。我们别无选择地必须与天保持和谐，顺者昌，逆者亡。"逆春气，则少阳不生，肝气内变；逆夏气，则太阳不长，心气内洞；逆秋气，

生命的外场衔接

CGA 风水

则太阴不收，肺气焦满；逆冬气，则少阴不藏，肾气独沉。夫四时阴阳才为万物之根本，所以圣人春夏养阳，秋冬养阴"。"提挈天地"、"调于四时"、"处天地之和，从八风之理" 就是要与周围的环境变化相一致，与宇宙天地运行的节律相一致。

自然宇宙能量场是由大到小的一圈一圈的螺旋，被中医气象学总结成五运六气，通过经络传导到人体。五运指金、木、水、火、土五星，六气是指风木、寒水、君火、相火、湿土、燥金六者。五运六气，通过经络作用到人的内脏：

厥阴风木——肝经、胆经、心包经

少阴君火，少阳相火——心经、小肠经、三焦经

太阴湿土——脾经、胃经

阳明燥金——肺经、大肠经

太阳寒水——肾经、膀胱经

十二经络获得的宇宙精气最后必须听从五藏的指挥，或化为五藏之气，或化为原始的能量形式——精，藏而不流，或化为经气，流而不藏。

风水，就是人们在选择住宅时，如何让自己生命能量场，与自然宇宙外场和谐衔接。这个外场，绝不是可有可无的，而是我们生命的主宰力量的一部分。因为，我们和自然宇宙是一体的存在，是整体的存在，人类必须适应环境，只要有居住行为发生，人们就回避不了风水。

5. 元炁能量场的风水布局

风水是易道在方位上的应用，借用天地的生机力，人们接受了风水是环境科学。世间顶级的风水布局，莫如帝王家的风水，比如阳宅的故宫，阴宅的乾陵。故宫用的是"和"，太和、保和、中和，也就是天地的元炁的手法；

乾陵用的是元神的手法，灵魂永生，从生死轮回中解脱，成为更高级别的生命存在体，绝不仅荫及子孙，作用是不可思议的。以往的风水布局都是强调外在环境对人的益处，为了借天力，人们要付出巨大的代价，故宫和乾陵都是花了几十年以上的时间，更不要说人力、财力。人天和谐是风水内在的精髓，人如何与天地能量相应，不仅是人与天的外在关系，更是人的内在思维、生活、情感方式，如何顺应自然，生命才会不仅活得好。鉴于以往风水的片面性，设计了元气能量场与外在环境合一的新布局。

元气能量场是内外一体的划时代的风水新观念：第一，不是单向的外求，而是内证天地的元炁，人天一体，天人合发，自产元炁，自身一生有宇宙母体元炁的供养，实现我命在我不在天的对生命的自由掌控。第二，是一种返璞归真的生命方式，生命像时间一样每分每秒都是新的，只有跟随自然本心，才能活在当下，时时刻刻感到自己内在小孩欢呼雀跃。找不到感觉、找不到方向、找不到幸福都是因为内在小孩被错误的观念囚禁，打碎表面的、虚假理性的牢笼，把自己从僵死的牢笼里解救出来。第三，找回本来完美的自己，回归生命的本元：元精、元炁、元神、元情、元性。五元是每个人本来完美的自己，是 16 岁前青少年时期的内在环境，内在的五元（道家学说），在气质上是仁义礼智信五德（儒家学说）。五德在天是五行，金木水火土五炁（天文学说），在地是东西南北中五方（风水学说），在人体是肝、肺、心、肾、脾胃（中医学说）。先天五元令人生生不息，是孩子、圣哲、仙真的内在环境。后天五物是走向死亡的内环境，浊精、识神、鬼魄、妄意、游魂令人吞噬元气的罪魁祸首。人要返老还童，就要把五脏阴神转阳，浊精化元精，识神退位元神当家，妄意消元气生。五行，分为先天五行和后天五行两大系统，先天五行属于阳性特征：

河图五阳表

河数	阴阳	属性	位置	天干	五行	五元	特点	五德
七	阳	先天	隐前	丙	阳火	元神	不神而神　圆通	礼
一	阳	先天	隐后	壬	阳水	元精	不精之精　纯粹	智
三	阳	先天	隐左	甲	阳木	元性	无性之性　柔慈	仁
九	阳	先天	隐右	庚	阳金	元情	无情之情　刚烈	义
五	阳	先天	隐中	戊	阳土	元气	无气之气　纯一	信

识神、鬼魄、浊精、游魂、妄意称之为五物，五物具备之后，内五贼即于此中分别寓之，人的内五贼就是指：喜、怒、哀、乐、欲。人在生之初，后天五行与先天五行是合一的，五物为五元所统摄，五贼被五德所制伏，一举一动，都是先天主宰，后天不过为役从，这是最佳的一种先天、后天统一状态，是成仙作佛的最佳内环境。

河图五阳表

河数	阴阳	属性	位置	天干	五行	五物	特点	五贼
二	阴	后天	显前	丁	阴火	识神	主灵　性贪	乐
六	阴	后天	显后	癸	阴水	浊精	主淫　性痴	哀
八	阴	后天	显左	乙	阴木	游魂	主生　性善	喜
四	阴	后天	显右	辛	阴金	鬼魄	主死　性恶	怒
十	阴	后天	显中	己	阴土	妄意	主动　性乱	欲

以有形会无形的磁场，以画为载体，把天地生机的能量布局在住宅中。第一种对于只想身体健康的广大人群来说，五脏阳神的画片，放在住宅的东、西、南、北、中五个方位，把天场的金、木、水、火、土五大行星的能量调动在居室里，给心、肝、脾、肾、肺供养真气能量，看一眼就调动人体的先天的信息。肉体的器官运作的好坏，全部依赖无形的磁场气团能量：朱雀是心脏的真气团，来自火星和南方七宿；青龙是肝脏的真气团，来自木星和东方七宿；玄武是肾脏的真气团，来自水星和北方七宿；白虎是肺脏的真气团，来自金星和西方七宿；黄凤是脾胃的真气团，来自土星。五脏阳神合一就是元神，元神自产元气，和宇宙大元气合一，是生命最大的保险。

风水的核心是借天地大元气，宇宙五方之气如五个管子，一年四季轮番为你身体加气。《黄帝内经》讲五藏之中有五种真气，南方之气红色，北方之气黑色，东方之气青色，西方之气白色，中央之气黄色，说的就是金木水火土五大行星对五脏的能量输送。五脏神系列描绘的是五脏的真气能量场，这是人体内运转的天体磁场，人能看到这个磁场，五脏六腑就和谐安康。

第二种适合于返老还童追求的人群，元精、元气、元神、元性、元情的画片布置家居，南方放元神、北方放元精、东方放元性、西方放元情、中央放元炁。这是用艺术品布置的道德经元炁能量场，是识破天机奥秘又简便自然的风水手法。看到元精的画面就身上起电，元精发动。元精发动就会自产元气。灵魂是无形的，一般人见不到，看到元神的画面，内在愉悦不愉悦，自由不自由，他是一面自省的镜子，元神必须绝对的爱，否则就是病。看到元炁的画面，提醒自己天地的元炁是不是一开一阖地永远发生在自己的身上。看到元性的画面，唤醒的是本性天良，积德行善，元性提升到大智慧的真我，能除一切苦，真实不虚。看到元情的画面，是否喜怒哀乐都在一个合理的区间，发而有节谓之和，能抱一，发出来的自然中和。不仅不消耗元精元炁，还会凝结出人体的精华金丹。这要学习返老还童的课程，要得到真传才行。

生命的外场衔接 风水 CGA

《心神丹元》布面油画，创作于 2011 年，成品尺寸 150cm×120cm

心神丹元对应天体的火星和南方七宿形成的红色真气团朱雀，朱雀也是人体心脏的磁场。《黄庭经》说：心神调血理命身不枯，外应口舌吐五华，临绝呼之亦登苏，久久行之飞太霞。

作为风水用品的摆放，《心神丹元》挂在南墙正中位，对应人的心脏，调动火星和南方七宿的磁场，营养人体的心脏，昼夜存之自长生。

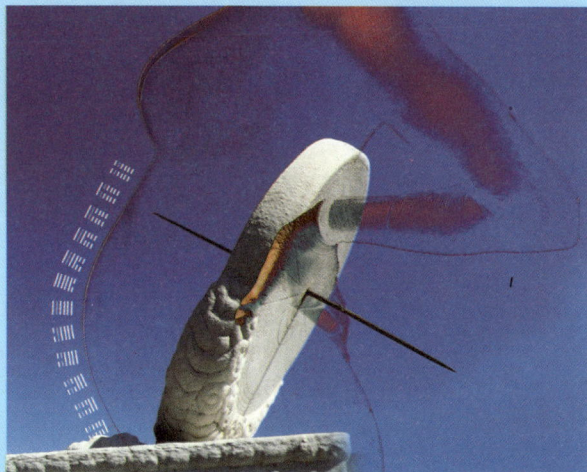

3. 生命的跌宕走势
——运程

　　人生活在地球上，而地球运转在数不清的天体之间，因此，人也生活在宇宙中，与那些数不清的天体，相互依存。大自然培育了万物的节奏感，规定了生命运动的各种周期变化，自然也会影响人的运程。

　　靠自己、不依靠他人、没依靠。
　　离类之卦，故其还有离卦的光明、名声广等意义，并且是个大离卦，名气非常大。自我感觉良好、自我性强、靠自己，不愿也不希望靠别人、独立奋战、任性。
　　颜色由74%的棕色与47%的绿色合成。

颐卦

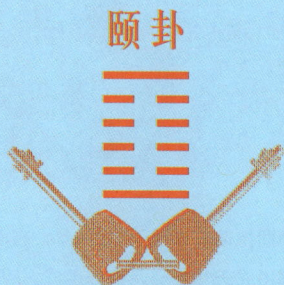

《负阴抱阳》创作于 2009 年，布面油画，150cm×120cm

人体由先天和后天两部分组成，后天叫生命，先天叫性命。后天是被先天决定的，先天无形、纯净、智慧，我们要以有形会无形，以后天养先天，才是真正的养生。

人生活在地球上，而地球运转在数不清的天体之间，因此，人也生活在宇宙中，与那些数不清的天体，相互依存。大自然培育了万物的节奏感，规定了生命运动的各种周期变化，自然也会影响人的运程。人要呼吸，地球也在呼吸，万物在一起互相影响，一切的偶然都是在不可抗拒也觉察不到的万有运动的规律中进行着。

2012年是壬辰年，2012年风水的方位卦在东南，是巽卦的磁场，先天阴金，4在阴位。巽卦对应的是后天属龙，先天属鸡。属龙、属鸡的头部、心血管系统、胆部要注意。属猪、属狗的也要当心。风水的方位卦西北方的乾卦与之对冲，金克木，乾是阳金，巽是阴木，阳金克阴木，这是从后天角度说的，不修行的人，活在后天世界，必然被克。修道的人，活在先天世界，东南巽卦的先天卦是兑卦，阴金。对冲的阳金和阴金合一，对修道的人不仅不克，反而还强旺。因此，这个磁场有利于僧尼。灵性高的人，在巽卦的磁场会很得志。

1. 运气是宇宙能量场决定的

春节的市场消费是一年中最旺的，是商家的好运季节。人间的景象，不是偶然、割裂的，而是宇宙整体的一部分。在天，旋转的28宿已经转到了正北刚过不久，偏北的牵牛星，在向宇宙释放着春的能量。牵牛象征阳气牵引万物而出，地虽冻，牛却可凭借阳气耕种万物。冬至阴极之后，一阳初动，至正月，万物勃发，以太阳升起的东方和木为象征，在季节与春季相应。而天地相交，产生了金、木、水、火、土五行与风、暑、火、燥、寒、湿六气，也叫五运六气，每运主管一年，在一年中，五运又各掌一季。这一季是木，对应的是风，风气使草木生长，木气产生酸味，酸味滋养肝脏，肝脏的气血能营养筋。对应的卦是震，一阳在阴气之下，象征雷鼓动万物，有好动的意味。

肝气足人就好动，木气也就是春气、生气、喜气。人间热闹的过年，是宇宙时空场的能量变化、辐射到地球，表现为无形的天之六气，与在地有形的五种物质相应，作用到人体的内脏引起气血的变化，对应人间的传统喜庆节日。换句话说，人是自然的一部分，大自然是树，人就是树叶，关系密切到你想象不到的程度，宇宙能量场才是万物的主宰，操控着一切。宇宙能量场的兴衰变化，决定着人运气的兴衰。

而在四季，人的运气也随季节变化，发生了一个由盛而衰，再由衰到盛的循环。四时为春、夏、秋、冬。五行为金、木、水、火、土。在每个季节里，五行都分别处于旺、相、休、囚、死五个不同状态。例如春季：

春天万木始生，欣欣向荣，五行中"木"正当令，处于"旺"的状态，而"木"能生"火"，"火"处于次旺盛的状态，为"相"，"水"能生"木"，"木"为"水"子，"水"为"木"母，子既当令，母便应"休"，所以"水"处于"休废"的状态，"金"能克"木"，但时属春季，"木"气正旺，"金"已不能克制，既不能克，便反被克，故处于"囚"的状态，"木"能克"土"，"木"旺尤能克"土"，"土"生机全无，处于"死"的状态。其他各季节的情况可依此类推。

归纳起来是：

春天，震巽旺盛，离次之；乾兑坎休囚，坤艮死衰。

夏天，离旺盛，坤艮次之；震巽坎休囚，乾兑死衰。

秋天，乾兑旺盛，坎次之；坤艮、离休囚，震巽死衰。

冬天，坎旺，震巽次之；乾兑、坤艮休囚，离死衰。

其中坤艮在四季每一季的最后一个月旺。

当排出某时的"旺、相、休、囚、死"后，再根据某事某人的生肖属命，判定他所属的状态，配以星象开合，阴阳流变，进行深入推导，便可以得出一个大致结论。

《肝神龙烟》创作于 2011 年，布面油画，150cm×120cm　2012 年杭州春拍会 110 万元成交

肝神对应天体的木星和东方七宿形成的青色能量团青龙。青龙也是人体肝脏磁场。《黄庭经》说：和制魂魄津液平，外应眼目日月清，百疗所钟存无英，同用七日自充盈，垂绝念神死复生，摄魂还魄永无倾。

作为风水用品的摆放，《肝神龙烟》挂在东墙正中位，对应人的肝脏，调动木星和东方七宿的磁场，营养人体的肝脏，昼夜存之自长生。

生命的跌宕走势
运程
CGA

《肺神皓华》创作于 2011 年，布面油画，150cm×120cm

　　肺神对应天体的金星和西方七宿形成的白色能量团白虎。白虎也是人体肺脏磁场。《黄庭经》说：七元之子主调气，外应中岳鼻脐位，素锦衣裳黄云带。喘息呼吸体不快，急存白元和六气，神仙久视无灾害，用之不已形不滞。

　　作为风水用品的摆放，《肺神皓华》挂在西墙正中位，对应人的肺脏，调动金星和西方七宿的磁场，营养人体的肺脏，昼夜存之自长生。

由此，我们可以选择自己的行为模式。比如，震卦的人好运在春季，那么，就在春季时行动，作为自己的收获期，大胆出手，自然宇宙的外场在帮你。而运气衰败的另外三个季节就休眠，不出手，不行动，只是积累，为下一次行动做准备。否则出手就损失。以股票为例，头部出来就开始下跌了，在下跌时出手就会亏损连连。

2. 个人场的好坏也影响运气

笔者 2004 年、2005 年非常不顺，遭受了一次痛苦的婚变，精神、肉体、经济被整垮。离婚是人生中的大事，每当大事要发生的时候，一定有先兆。离婚前，我家里的电器同时坏，新买的液晶显示器、饮水机、打印机、洗衣机，一个接一个地坏，坏到令人感到恐怖的程度。接着，结婚照在搬家的当天晚上，突然从墙上掉下来，玻璃摔得粉碎。到后来，我不在家，钥匙被拉在屋里，坚固的防盗门被开锁公司撬开，一切都坏到头了。这些事都是破损的兑卦的场信息，老天提醒混沌着的我，不能忍受的事情已经发生，只是那时我还不知道。

我的内场很不好，2002 年失去母亲的打击，让我一蹶不振。

2002 年马年，大年初五，母亲去世。母子连心，说的也是母子连场，通过一个爱的心念，母子的场就相通了。相通就意味着相互影响，即使在母亲去世后，一心的思念，仍能将母子的场连通。场像无形的电波，频率对应就通了。

母亲的生命能量场与儿女的场是一体的，特别是我的本命卦也是 3 震卦，属木，和母亲的一样。母女诞生时遇到的自然宇宙外场相同，这一世又为母女关系，其生命内场的相似之处，就比一般人多很多，母亲的影响也会比一般人大得多。母亲的去世，我被彻底击倒了，身体出现紊乱，拉肚子，头疼，

体重骤减，像是要随母亲而去。

我觉得母亲的去世，令我第二次新生。第一次，作为一个婴儿，在母亲的子宫里长大成人的出生，虽然离开了母亲的子宫，但是进入了母亲的无私爱的天空，这个爱是直到母亲去世一直伴随着的、最温暖、最贴心的生命保护神。失去母亲是我的第二次新生，和婴儿时的出生一样剧烈，甚至更加剧烈。因为人已经成年，有了理智，所以痛苦就更深。还有一种说不清楚的生命能量场的神秘的巨大影响，使人来到了另一种意义上的生死关头。

母亲的去世，我像断不了奶的孩子，在这个特殊的弱智时刻，轻易地相信了一个人的诚恳，像是给自己找个妈，匆匆忙忙地结婚，赶紧给自己找个港湾。在"落水"的时候，一句诚恳的空话，也成了救命稻草。就因为我和母亲的生命能量场太相似了，母亲走了，我自己也死了一半，急需有一种代替母亲的能量，把我救活。

虽然经历了地狱般的磨难，但是这痛苦的恶性事件，是我自己招来的。我内在的生命能量场处于地狱时招来的恶鬼，怨不着别人。母亲的去世，经历再次的新生，付出了很大的代价。母亲去世两年，我渐渐恢复了生命本来的能量状态，精神、肉体、经济都很快恢复了，甚至比以前还好多了。

场坏了才有坏事发生。我是属牛的，艮卦，在东北方位。2003 年、2004年是羊年和猴年，方位在西南方，西南方是后天坤卦，主腹，先天巽卦，对我的本命卦位的东北方是直冲，直冲一定是伤害。我那两年是腹泻不断，巽卦有来来去去，犹犹豫豫的意思，我那短暂的婚姻，令我一直处在犹犹豫豫的状态。精神不宁，感情伤害，与自然宇宙能量场的伤害，加在一起，构成了我最痛苦的一段日子。而 2005 年离婚，时空转到了兑卦上，兑卦就是口舌是非，夫妻吵架离婚的能量场。所以，不幸婚姻的夭折，也是宇宙能量场作用的结果。当然，不是所有人都在那时离婚，要看自身的场的好坏，自身

的场是好的，夫妻和睦，宇宙能量的天灾来了也平安无事，自身的场已经坏透了，宇宙能量场一扫，就让一个婚姻的寿命终止了。而2006年我的好运，首先我回到自己好场的房子里，我的病不治自愈，潜心工作，母亲去世的影响四年后已经减淡，2006年狗年，到了属牛的方位卦艮卦的先天卦位，又是母亲的属相卦位，对我有极大的保佑力，我事业成功，身体健康，也是内场、外场的合力决定的。

3. 好运来自生气

易经的八卦代表了八种场，五行代表了五种态。水为液态，火为气态，金为固态，木为生命态，土为综合态。八种场配合五行的生克关系，从总体上概括了事物的规律，描述了这一规律在不同时刻，不同情况下的表现状态，并从颜色、位置、动作、方向、对象、物类及转换过程等诸多方面进行了归纳，卦象能把这一切综合所成的状态，清楚地反映出来。只要老老实实地按照卦象的意思预测，就一定准。因为万事万物都有时间和空间的属性，并一刻不停地依其规律运行着。古人根据内外相应，同类相从的原则，司外揣内的功能观察，取象比类的思维方法，很早就发现了生命的奥秘。天地是个大人身，人身是个小天地。人体是一个有机的整体，牵一发而动全身，各脏器功能的强与弱，都能影响人体的生命过程。而人又是自然宇宙的一部分，宇宙也是个有机的整体。人受宇宙的控制，绝对控制不了宇宙，只能顺从。

人是天抚育的。《黄帝内经》讲五藏之中有五种真气：南方之气红色、北方之气黑色、东方之气青色、西方之气白色、中央之气黄色，是人体空无类物质，有自己的真色。真气严格按节气和时间循环运动。比如，大年初一，东方春气来临，青绿色，经过胃经的太乙穴进入肝脏，肝脏也会和东方春气进行气交。脾脏中储藏的黄色的土气，是亮金黄色的、灿烂的、嫩嫩的亮黄。

宇宙五方之气如五个管子，一年四季轮番为人的身体加气。

顺天则生，逆天必亡。顺就是有生气的时候，逆就没有生气。有个钢琴家，本来挺好，收入很不错，名气也很大，但是有几个月很不顺，找到易学大师张延生。原来，钢琴家为了给自己求得更好的运气，请人调整了风水，把餐桌从西边挪到了北边，把钢琴从东边挪到了南边。张延生说，你的桌子和钢琴最近挪动过，你几个月没赚钱了，而且还有很多朋友来吃。钢琴家被说得服极了，请大师解释，张说，西是兑卦，属金，北是坎卦，属水，金生水，你只有消耗没有收获，兑为口，让朋友吃了；东为木，南为火，木生火，又是付出有你，收获没你的份儿。东震卦在数是4，南离卦在数是3，所以三

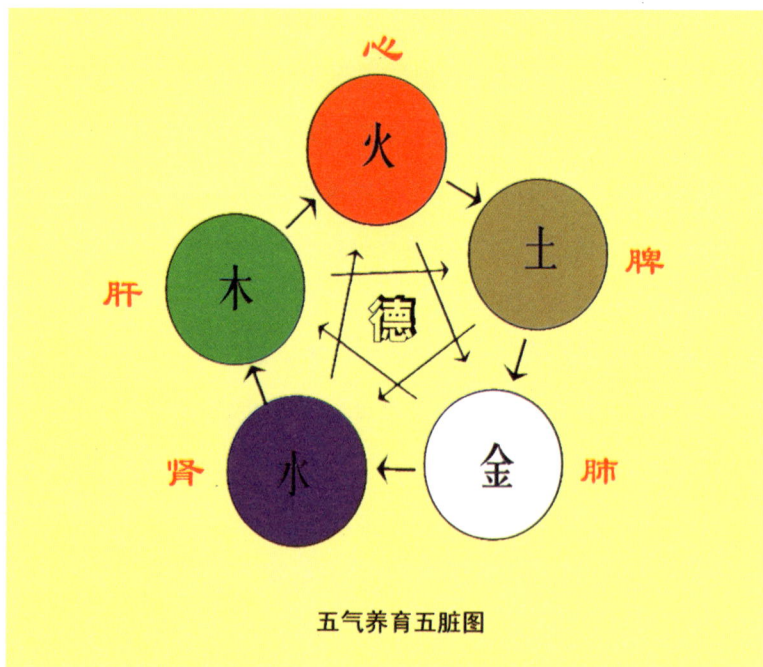

五气养育五脏图

个月没赚钱，第四个月还不赚钱。（引自《易侠》华夏出版社出版）

钢琴家求张延生想办法，很简单，把东西还原就好了。曾经很好，说明

其住宅的场与主人是和谐的相生的关系，有了稳定和谐的场支撑着他已经很好了，人为地再制造一个风水环境，打破了平衡，还不如原来好了。张延生只是从卦上推论、类比、由此及彼的判断，准确地捕捉了在钢琴家住宅那个特定的空间，和问卦的时间，与钢琴家本人的职业、心理等综合而形成的场所产生的事物。与其说张延生神，不如说《易经》太伟大了。《易经》用的是整体性思维，任何事情都是一个生命，都是活生生的，凡是活的都是整体性存在的。人类社会到目前为止，所有的文明、技术手段，都没有《易经》来得全面，宗教、哲学、逻辑、法律、物理、数学、生物、西医等等，都是局部的、割裂的，对于生命来说，都是瞎子摸象。惟有《易经》是关于生命的科学，是真正可以破译生命的奥秘的。

生活中的一切事情都是场作用的结果，人的运气也不例外。有个姑娘在出嫁前运气很坏，工作不顺利，多年病秧秧的，到医院检查，除了体虚外查不出毛病。结果发现她家的房子对着胡同口，她睡觉的屋子还开着窗户。那是在风口里，没有生气。生气是人的精神体、元神的粮食，它决定着人活得好不好。所谓人活一口气，那是指呼吸的空气、氧气，维持的是肉体的生命。有呼吸就是还活着，但是，活得很健康、精力旺盛，还是活得很衰弱、无精打采，就是生气决定的了。

你看大山的山顶上被风吹得石头裸露，而在山的背风处，有茂盛的绿地，那就是生气所致。风运行了一定距离后，变得和人的血流速度一样的时候，人感觉很舒服，那就是生气，和人的内场和谐一体，平衡着人的身心的需求。也就是说，前半截，甚至大部分的长度中风是风，到末端凝聚在某处不动了，就是生气。一个住宅的外部环境，叫外局，大门是进气口，经过几次曲折，风速已经完全减弱，这时的风已经变得很舒服，让人感觉不出不适了，再经过窗户，流入室内，人的精神每天靠吃生气而神清气爽，生气也叫宇宙之精。

生命的跌宕走势　运程　CGA

讲究的住宅的外局，要形成3道曲折引入居室的生气，才是最旺的天地之气。过去老宅子三套院子，重要的目的之一，就是要在主人居住的居室外，设三个外局。

没有外局的，风没有在曲折的改变方向的过程中减速，那风还是风，而不是气。在胡同口吹的风，是直的，只是风，不是气。风在来回激荡，人必须随时调整自己的内场，适应外场，与其取得平衡，这种随时调整，就大量地消耗人的能量。正常的情况下，人夜间休息的时候，生气从人的穴位通过经络进入人的体内，到达人的中部元神所在，以生气补充元气，元气滋养元神，像电池充电一样，我们每天在休息的时候，大自然的生气，会自动来给我们充电，到清晨起来的时候，前一天的疲劳消失，精神抖擞地投入新的一天。如果得不到生气的补充，人的能量场就被削弱，人像病秧子似的。没有生气，不仅是活不好的问题，还会活不成。

我做的实验可以证明，生气确实掌握着生命的生杀大权。我买了一个小鱼缸，放在书桌上，为的是工作累了的时候看看它们，养养眼睛。每次买3条，3是阳气的始数，代表的是生机、阳气的意思。可是，小鱼半周就死了，一周买两次，一个月下来还是如此。我加着小心，怎么也不行。忽然醒悟，我把鱼缸换了个地方，靠窗户很近，小鱼活得很欢实，一周不喂也没事，再也不用为它揪心了。我懂了，这就是生气，有生气才能活，没有生气就死。尽管有鱼食，小鱼的精神吃不到生气，还得死。可见，生命是靠吃两种食物维持的，一是有形的物质食粮，一是无形的精神食粮，那就是生气。生命是个阴阳对待体，有阴必有阳，只不过无形的那部分，你看不见，就以为没有。比如有形的食粮为阳，无形的食粮就为阴，阴阳是一体的，缺一就不存在。我们的眼睛、耳朵等六根，有形的叫阳六根，无形的叫阴六根，也就是我们生下来天生带来的，具有先天功能的六根，也叫天眼、天耳等。有的人可以预知未来，就是先天的六根在起作用。而易经的预测，是通过卦象，把没有先天功能的人，以此为梯子，带入四维空间，同样可以得到有先天功能的人才能知道的事情。

乾索于坤：上曰震，中曰坎，下曰艮。自上而下，震为肝，坎为肾，艮为膀胱；坤索于乾：下曰巽，中曰离，上曰兑。自下而上，巽为胆，离为心，兑为肺。形象既备，数足离母。

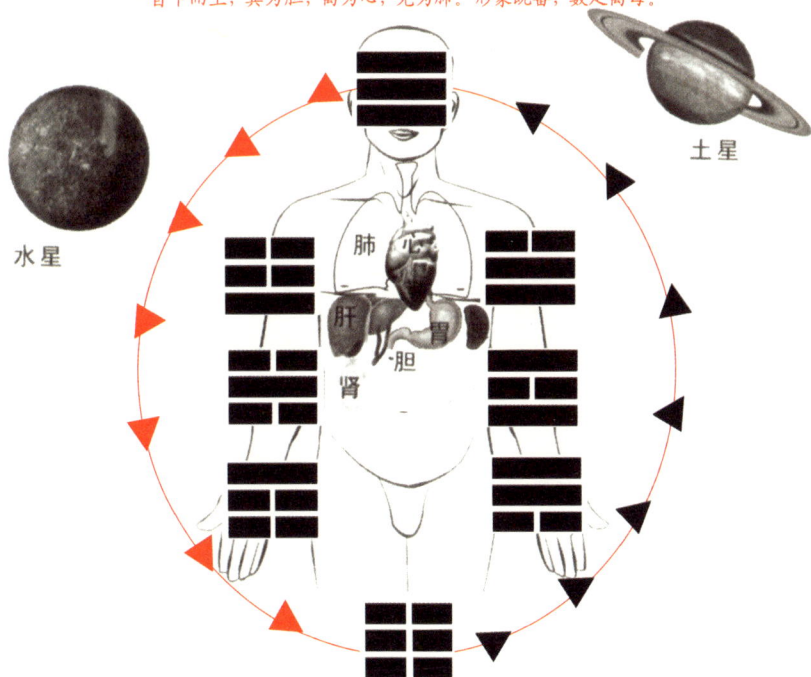

人的形成图

人的小的场是被大自然的场控制的，风水讲的就是人如何顺应大自然的场，而顺应则上升，就是走好运的时候，逆行则是走坏运的时候。比如股票的涨跌，在先天八卦方位图看，"数往者顺，知来者逆"，从震卦到乾卦是顺，从巽卦到坤卦是逆。顺的时候是左半球，逆的时候是右半球，会做股票的只做左半球，到了乾卦，已经到了顶部，必须及时离场，否则，不仅利润又交回了市场，还会赔掉本钱。许多散户，或者很多被股市伤害过的人，都是因为看不懂股市的大格局，也就是股市的大运程。

而我们人不了解自己一生的大运程和来此一遭为人的使命，会犯很多无谓的错误，走很多弯路，甚至一辈子找不到真我。大格局的根就是阳气、生气。从清晨太阳升起，一阳初动，在方位是东，在数是3，在卦是震，到了中午如日中天的时候，阳气到了极点，是老阳，在数是9，在卦是乾，上升的阶段已尽，阳气开始减弱，到夜里十二点，阳气一点也没有了，阴气最盛。《易经》背后的道理就是这样简单，大道至简，简单到你不相信。做股票的都是人精，可是，人算不如天算，老天用太阳的升降，告诉你事物的生长与衰败，告诉你太阳升的时候是走好运的时候，太阳降的时候是走背字的时候，这每天在告诉你的最自然、简单的道理，你根本不理会，自以为高明，可是哪一次股票的涨跌，逃出了太阳升降的循环规律？逃出了大自然的手掌心儿？万物一体，大自然是老大，老大操控着一切。

4.运程推算的是天体运动

看一个人的运气，其实是看天体在某一状态所形成的特定的场，以及这个场给这个人带来的影响。而天体的场包括中国古代天文学的诸多知识的相互配合，比如二十八星宿、五星、天干、地支、二十四节气、十二时辰、四季、四方等等。综合各种关系，四季是太阳辐射场的关系，五行是太阳系大行星

和五大物态的关系，东南西北四方是天地磁场和地球自转的关系，地支是北斗星每月所指向及黄道十二星座位置的关系，天干是二十八星宿的关系等等。将它们统一在阴阳系统中，体现为宇宙的全息性，即包括时间、空间、物质、能量、运动、精神等全部信息。以一种总体的眼光，考察天体环境对人体的影响。

变化是生命的永恒的特征，易经就是在变动过程中，解析自然环境与人的关系的。易经的卦象，既是自然时空场的反映，同时也是人体能量与疾病变化的反映。乾坤时空链描述了宇宙运动阴消阳长的阴阳变化过程，也反映了一切事物阴消阳长的阴阳变化规律。阳气从复卦的初生到乾卦达到顶点，是上升阶段；从姤卦到坤卦是下降阶段。

复 临 泰 大壮 夬 乾 姤 遁 否 观 剥 坤

乾坤时空链反映了四季变迁的全过程。坤卦在冬至时，阴气至盛，寒气通于肾，这时最易生肾病，肾寒克心火，呈现阳虚阴寒之象，易出现水肿。泰卦在春分时，阳气渐强，木气通于肝，此季节易发肝病。乾卦在夏至时，阳气极盛，火气通于心，此季节心脏易出毛病。到了遁卦，季节为秋，秋燥应于肺，这时人易患肺病，咳嗽等病症。乾坤时空链反映的季节变化和人体疾病相应，足见卦象与病象密切相关。而人体的经络循行，也是阴阳相袭、首尾相贯的圆周运动。十二经络的循行，自肺经起始经过大肠、胃、脾、心、小肠、膀胱、肾、心包、三焦、胆、肝，又复传至肺。经络循行的圆道，精髓在于与天的圆道相应，如《灵枢·五十营》曰："天周二十八宿，宿三十六分，人气行一周，千八分。日行二十八宿，人经脉上下、左右、前后二十八脉，周身十六丈二尺，以应二十八宿。"即言经脉之气运行一周历经

生命的跌宕走势

CGA 运程

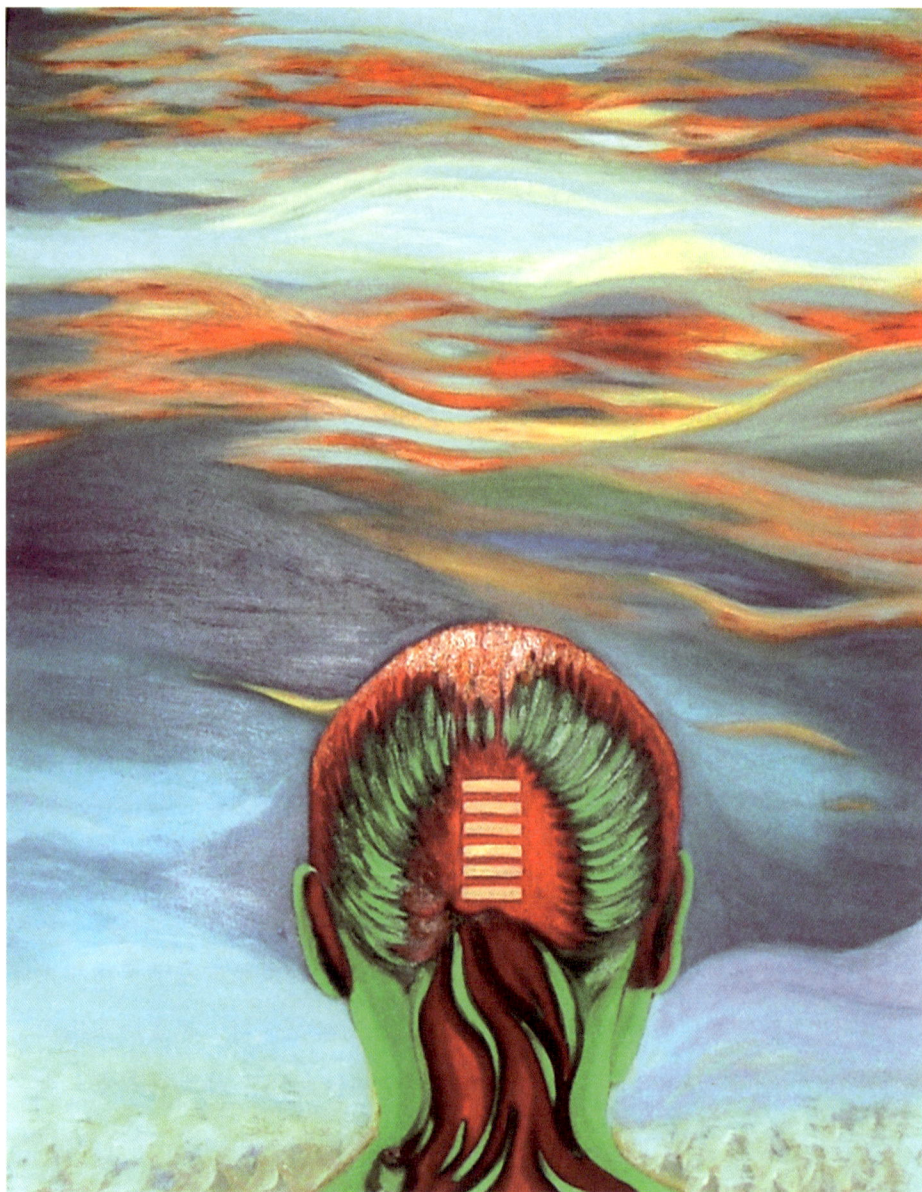

《乾卦》创作于 2007 年，布面油画，150cm×120cm

乾为天，在方位是西北，健也、动也。对应人体内脏为大肠，部位为头。

二十八脉，和天体运行一周历经二十八宿相应。经络循行之圆道与天道之圆相应，体现了人与天地共脉搏，与日月同呼吸的圆道关系。

而人在一年中的运气，也是转圈变化的。比如木气，在春季旺盛，到秋季就是阳气衰弱的休囚，到冬季而绝死，不同卦象人的运气，随之而变化。不同卦象的人的住宅方位布局也不同。比如，我是震卦，八宅游年定位法，把西北方的乾卦位置，定为五鬼位，把东南方巽卦的位置，定为延年位，五鬼是凶位，延年是吉位，所谓吉凶，就是看有没有生气。我的小鱼放在五鬼位，就是活不成，换到延年位，活得就特别欢实。其实，这方位制定的依据，就是震卦的人阳气由盛到衰，在方位上的体现。乾卦的西北方位在季节对应的是冬季，是震卦人的木气最衰的时期。而东南方巽卦的方位，是木气还盛时期对应的方位。人的运气的好坏，实际在看阳气的盛衰。而人的命理、属相所代表的能量场，在季节变化的作用下，体现在住宅不同区域的阳气强弱有别。由此看出，人的运气，是自然外场与内场的相互作用决定的，而外场处于主导地位。

人体就是自然宇宙的缩影，受着自然节律的控制。我们人体始终不停地随时间变化着，西医早已证明过，比如早晨五时肾功能活跃，六时血压升高，七时免疫功能特别强……说明不同时间所代表的不同的天场，对人体功能的不同的影响。这也是人体生物钟里的日钟，所谓生物钟是指生物、生命对外界周期性影响的一种节律性应答反映。包括"日钟"、"月钟"及"年钟"，甚至"甲子钟"。月钟：是人体气血对月盈缺引起潮汐涨落的反映；年钟是人体对天体运动周期导致四季寒暑变化的一种节律性反映。其主要依据在于四季阴阳呈周期性的消长，如"冬至一阳生、夏至一阴长"主要和太阳周年运动有关。"春夏则阳气多而阴气少，秋冬则阴气盛而阳气衰"。"心者……通于夏气"，"肺者……通于秋气"，"肾者……通于冬气"，"脾胃大小肠，

生命的跌宕走势

运程

CGA

三焦膀胱者……通于土气”表明五脏对四时寒暑的反映。

而甲子钟，就是我们说的大运。甲子钟：以天干、地支演义成的六十年周期，是五运六气独特的生物钟。甲子钟六十年一循环，是五运和六气的结合。据说甲子六十年周期与太阳黑子活动周期相应，说明甲子钟有着深远的天体背景。

5. 大运小运的算法

从黄帝元年（公元前 2697 年）开始行六白大运，到 1983 年，已经行了78 个大运，一个大运 60 年，每 60 年中又分成 3 个小运，20 年一小运。

人的运气是宇宙能量场作用的结果，是"天"定的。星体的运转，在正中的星体起主导作用，与这个星体相对应的方位和人，就走大旺之运。比如1984——2043 年，走的是三碧木大运，震宫居中，比如，1943 年属羊的，1952 年属龙的，1961 年属牛的，1970 年属狗的，1979 年属羊的，1988 年属龙的，1997 年属牛的，2006 年属狗的，本命卦都是 3 震卦，在这 60 年都是走大旺运的。而 2004——2023 年的 20 年在走八白土小运，艮卦入中宫，在方位上是东北方，居于这个方位的人和住宅，走 20 年的旺运。 当 8 艮土飞入中宫时，6 白金星飞入正东，土生金，正东的运气最好。上述本命卦为 3震木的人，正东是他们的先天卦位，三碧木 60 年的大运和 20 年的八白土小运，使上述震卦的人的运气旺上加旺。

大运卦支配十年的运气，行运卦的算法，乃是从本命卦推演而来，现在介绍如下：

大运卦

1. 本命卦不变，为 1 至 10 岁的大运卦。

2. 变本命卦的第一爻，为 11 至 20 岁的大运卦。

3. 变本命卦的第二爻，为 21 至 30 岁的大运卦。

4. 变本命卦的第三爻，为 31 至 40 岁的大运卦。

5. 变本命卦的第四爻，为 41 至 50 岁的大运卦。

6. 变本命卦的第五爻，为 51 至 60 岁的大运卦。

7. 本命卦不变，支配 61 至 70 岁的大运。（与 1 至 10 岁同）

8. 变本命卦的第一爻，为 71 至 80 岁的大运。（与 11 至 20 岁同）

9. 变本命卦的第二爻，为 81 至 90 岁的大运。（与 21 至 30 岁同）

　　本命卦是根据生辰八字起卦的，也就是出生的年、月、日、时。因为算命，实际是算自然场，是一个人降生时的场效应。当胎儿在母体中发育的时候，恒温、压强平均、呼吸方式、获得营养的方式，所有这些在出生时刻发生了巨大的变化，人的内场被最大限度地调动起来，去适应大自然的外场，取得新的平衡场，人的一生就在这个场的作用下发展，这就叫运程。所以，预测人的一生，必须把出生场考虑进去才能准确。

　　比如，某人的本命卦是益卦，卦辞是雷动风行，振雷发于山地之下，为有雨泽大地之兆，故君子得之，为有进益之喜。未来卦是颐卦，山下有雷动，适时引拔万物，间有广阔大地相连，一派生养殖育之象，雷起于山中，节制其力，乃谨言节食之意也。

　　此人一生的命运富贵丰富，从事文字工作，精神能量巨大，母性十足，母体巨大，具有很强的宏观思维能力，讨厌自私、渺小，是实者慧的奉行者，自我感觉良好、自信心强。其人性格为内急促外、运气好，经常有利益送上门来的机会。方位在东北偏东的方位、东北到正东一带。身体方面体虚（由于肝木克胃土所造成的脾胃虚）。

　　结局卦颐卦又是个大离卦，光明一片，事皆昭彰，君子得之为离明之象，也就是名气很大，会红遍半个天。本命卦和结局卦，都属离类卦，象征着名

声很大，又加上震动很大的震卦助威，名气大，人生起伏大。此人 1961 年的牛，本命卦为震木卦，1983 ～ 2043 年的大运是其本命卦，60 年大旺。由于 1983 ～ 2004 年走七赤金小运，金克木，这 20 年大运起不来，但由于本命富贵，也有不错的收入。到了 2004 ～ 2023 年的八白土小运，木克土，口诀说我克为财，为主动，为吉。此人一生最大的好运在这 20 年，声望如日中天。2023 ～ 2043 年走九紫火小运，木生火，这 20 年的消耗会大，而一个从事精神劳动的人，在晚年消耗还很大，正说明其生命活力不减。

变一至五爻，为流年卦，到第六年的运气和第一年相同，依次类推，五年转一圈，一次重复。风水轮流转说的就是这个事。5 年一轮回，其实是金、木、水、火、土五运各掌管一年的运气。所谓的风水轮流转，一是五星轮流，二是五年一个周期，一次重复，就是这么个轮流法。

上天对每一个人都是公平的，12 年中，有一半的年份是顺境，是好运的时候，有一半是逆境，是坏运的时候。如果哪个人想一直要好运，那就错了。我们只能顺其自然，在坏运时期，以静制动，多积累，积极准备，到好运时期来临时再出手行动，方可百战百胜。可怜现代人已经像机器一样异化了，他们停不下来，2006 年的股票行情 7 月以来就从高点回落，上升期已经结束，可是多数的股民，依然在埋头瞎忙活，一年四季地忙活。这就是不懂运程，该住手时必须住手，否则就要付出惨痛的代价，最好的结果也是白忙。

日月不停地运转，在最好的状态，比如表示亨通的泰卦，在极盛的顶点，随时想到盛极必衰，万事不可能始终亨通，泰卦一变，就是否卦，否是坏和阻塞意思。万事不可能始终阻塞，接下来就是同人卦，大家同心，就可以突破阻塞。众人的力量大，事情就做得大，成绩大，就要谦虚，接下来就是谦卦……了解了运程，我们可以在顺境中居安思危，在逆境中沉着冷静地渡过难关。

《坤卦》创作于 2007 年，布面油画，150cm×120cm

坤为地，在方位是西南，顺也、众也、静也。对应人体内脏为脾，部位为腹。

《坎卦》创作于 2007 年，布面油画，150cm×120cm

坎为水，在方位是北方，陷也，险也。对应人体内脏为肾，部位为耳。

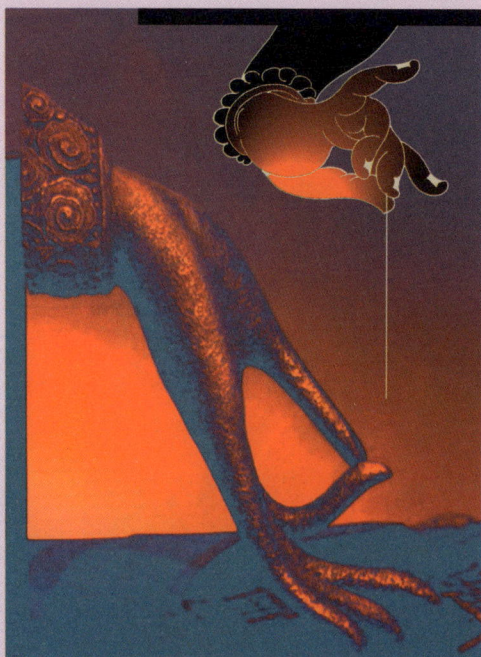

中医是自然宇宙外场与人体内场之间协调的中介，也是人体的解剖系统和藏象系统之间平衡的中介。真正的中医，就是人与自然之间的中介，人体的自然系统与精神系统的中介。

4. 生命的信息治理
——中医

重复、恢复、复活、来回、往复、归来、回归。

顺利推进、重新开始、正气开始上升、正气回复畅通、出入与来回中不会生病、没什么急事、突发事件不利、朋友来访没有灾祸、同类事物无灾祸。

颜色由84％的黄色与48％的绿色合成。

复卦

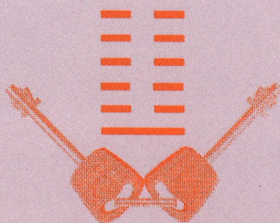

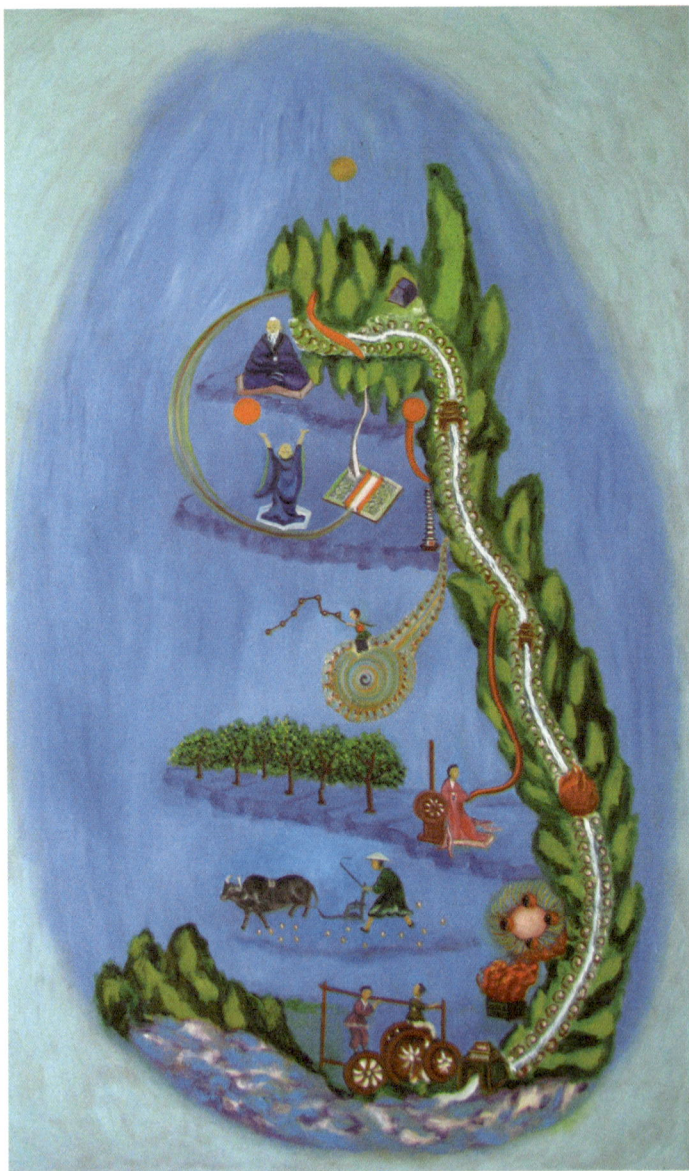

《内经图》创作于 2008 年，布面油画，150cm×250cm　石家庄庞先生收藏

　　人身体的内景，画面主体是脊椎骨，最下面的海水比喻肾，最上面的山，指的是头顶。中间手摇北斗七星的孩子指元气。最下面踩在车轮上的是男孩和女孩。比喻性能量如河水，阴阳之气漂浮在水上，将这股能量向上推进，而脊椎骨是阳气的通道，让阳气上升。

在《易经》的六十四卦中，复卦是恢复、复活、返回、归来、回归、顺利推进、重新开始、正气开始上升、正气回复畅通等意。这里的复，主要指恢复阴阳的平衡。

中医是中国传统医学的简称，而"中"的更重要的一个含义，是"中介"之意。中医是自然宇宙外场与人体内场之间协调的中介，也是人体的解剖系统（西医说的心、肝、肺等五脏）和藏象系统（精气、经络等）两个系统之间平衡的中介。真正的中医，就是人与自然之间的中介，人体的自然系统与精神系统的中介。

1. 用场治病的中医

华佗、扁鹊那样的神医，才是真正的中医。现代中医，已经是西医化了的，所以，现代几乎没有真中医，真正的中医隐于民间。

天津有个盲医师六十多岁，接待来就医的人，摸摸脉，顺口就说出了方子，多少绿豆，多少红豆，泡在两碗水里，煎成一碗，喝完就好了。按他说的方，不用去药铺，到粮店里就能配齐药。（引自《易侠》华夏出版社出版）

盲医师摸摸下一个咽炎病人的手说："你肝火太旺，治咽炎先要去肝火。"病人称是，说自己的确有时肝区疼，且脾气特别暴躁。

盲医师说："葡萄干4两，每次取出20个，加20粒绿豆，两碗水煎成一碗，就着喝下去，葡萄干吃完病就好了。"

葡萄干是上火的，怎么还能治疗咽炎呢？20粒葡萄干，按此数能推出的是震卦，震卦入肝经。咽部疼痛是由肝火引起的，原来20粒是应这个人肝经的数。葡萄干是甜的，甜东西可入脾经，中医有实脾则肝病自愈的话，20粒葡萄干既可实脾又可抑制肝火，久服咽炎自可消。

我得咽炎两年了，不能去根，也是用这个方子治好的。我虚岁45岁，

用的是 36 颗绿豆，36 颗葡萄干。36 除 8 余 4，4 对应的是震卦，震主木，对应肝经。《易经》的数，对应的是卦，卦对应的是场。肝火上升，伤灼到喉咙，在与肝脏相同的场，震卦的木气里，放上去火的绿豆，同场相吸，以场攻场，肝火是火源，咽喉是火苗，掐断了火源，火苗自然熄灭。

　　肝在八卦中对应震卦，震卦对应的是春季、风气、木气，而震卦在天对应的是五大行星中的木星。治疗肝病，借助宇宙外场木星的能量，给衰弱的内场输入强大的宇宙外场的相关能量，使内场恢复健康，这是《易经》的"人是宇宙能量场的一部分，人是小宇宙，宇宙是大人身"思维的应用，疗效神奇，理法其实并不神秘。

　　在刘力红教授的《思考中医》（广西师范大学出版社出版）一书中，他的师父，曾经用棺材下面的腐烂物治疗骨癌。骨癌在所有的癌症里，疼痛是最剧烈的。而且这个疼痛往往很难止住，就是用上麻醉剂，效果也不见得理想。而廖老对这个疼痛有个杀手锏，虽然骨癌最后不一定都能治好，但是这个疼痛却能很快地消除，这就在很大程度上解除了病人的痛苦。廖老用的是什么药呢？就是在一些草药里面加上一味特殊的东西，然后煎汤外洗患处，洗几次以后疼痛就能逐渐消除。这味特殊的东西很灵验，加上它就很快止痛，不加它完全没有这个效果。这样特殊的东西，就是棺木的底板上长出的一种东西。过去人死了，用的是土葬，把尸体放在棺材里，再埋在土里，埋下去以后，这个尸体就逐渐腐烂，腐烂的这些东西就往下渗，渗到棺木的底板上，连同木质一同腐坏，上面这个东西就是感受这个腐气而生的。既然这个东西是感受这样一个腐气而生的，那么，按照上述《内经》的教言，凡属腐烂一类性质的病变，都与肾有关。它与肾的病变就有一种非常特殊的亲缘关系，所以，用在骨癌上有这样特殊的疗效。

　　这又是一个以场治病的生动的例子。骨癌就是骨头烂了，用腐烂的尸体与棺木混合而成的腐烂的东西外洗，竟然可以止痛、治疗骨癌。以恶治恶，

《易经》中的生命密码 CGT

同类本来相生，但是，骨癌的恶场如果用数字表示是 30 的话，那个腐烂的东西也许就是 300，腐烂的场的强度远远大于骨癌的场，大的场就像旋风一样，把小的场的能量吸走了，骨癌的场被破坏掉了，病也就好了。

我认识一个民间的"神医"，她说，你去上山，随便抓回来什么花草，都能治病。当时，我只是觉得好笑，现在，学过《易经》懂了，这些都是场效应决定的。你伸手抓花草的时候，你的能量场，把你带到相同的场的东西面前，是场的相吸才抓到那种草的，说明你的场与草药的场是相通的。这个草药的场是你身体能量场状态的体现，就像抽签，你刚拿到丰厚的奖金，在街上被人拦住抽签，你抽了个上上签。纠缠你的人说你要发财，为这个签，你要付费。上上签虽然是文字，但作为信息场来说，那也是最大的能量场的意思。你刚刚发生的拿了丰厚奖金的事，说明你的能量状态很旺，气非常足，是你的生命能量场的磁力线，吸引了十二个签中的上上签。所谓抽签很准，很灵，其实，是你的能量场的反应，这是个实证生命能量的科学，与迷信毫无关系。

中国的神医用场的感应治病，虽然一般人，即使是中医的医生，也会觉得很神，但这还是低层次的神医，我见过的最高层次的神医，是真正用神治病的医生，这才是真正意义上的神医。在道医眼中，人所有的病都是由于阴阳不调导致的。控制阴阳的总枢纽就在天玄关上，也就是头顶三尺有神灵的地方，在密宗叫灵魂能量中心。比如洗澡的冷热水龙头，总枢纽一调，就可自由的控制水的凉热，用在人体上就是使阴阳平和百病除。

2. 用"神"治病的中医

在我看来，真正的中医有两个层次，第一个层次是上一节说的用场治病；第二个层次是用"神"治病的。

2005 年，我身体非常弱，到师父陆锦川在北京八一电影制片厂办的针灸门诊去扎炁针。我那时是头痛、胃痛、肠炎、乳腺增生 4 个毛病，人弱得几次到医院去吸氧。经过一个月的炁针治疗，我已经脱胎换骨，不仅 4 个病都好了，人精神的能量大得惊人，一个人的工作效率顶 10 个人，而且一点不累，总是精神抖擞。当我接受治疗的时候，我过去对疾病的观念都被颠覆了。炁针并不是传统意义上的刻舟求剑式的按规定穴位下针，而是把病也当成一个生命，它也是活的，到处跑，医生是以自己的场感应病气的方位，用针追上它，剁上它。所以，每次下针的位置都不同。

针并不深刺，只是挂在皮肤上，不是一般针灸的穴位与经络之间的调控关系，而是通过针传达医生的炁。当针扎好后，我凝神静气地体会针感。有时像细小的水疱，出溜出溜地在大腿上，在颈椎上，从下向上地蹿。有时候，炁感很重，像是在脖子上抡很重的棒子，声音还特别大，"咣、咣、咣"震得耳朵响。有时，又像蚂蚁爬，那个病痛点被剁住以后，拼命地挣扎，没被剁住，就像个小坏蛋，到处跑地捣蛋。我心想只有自己最清楚病气蹿到了哪里，自己扎不是更准吗？我写信给师父，师父说，你只能哪痛扎哪，不要乱扎。以后，我身上哪里痛，针下去，一会儿就不痛了，像止痛针一样管事。我们几个人恳求师父传我们炁针，师父不肯传，我们不理解，当师父专门讲炁针的《气道针经》出版后（团结出版社出版），我才理解治好了很多疑难杂症的炁针到底神奇在哪里，就是师父传，我们也没人能接得住。

师父说：所谓炁针者，本以炁为针，炼炁为针也。

针法者，心法也。何者？神针者，一炁也；一炁之用者，神用之为也。神用之为者，心力之为也。故曰：妙如神针，万法归真，神变无法，系乎一心也。

意念非道，一性是真，不识自心，焉用其神？

故意者，心之凡用，神者，心之圣用也。原夫人之思念，本浮滑不实，方欲集念，意已妄动，心力未应，念已他驰，意动念浮，反耗神思，神思日

耗，心力日竭，应凡用尚是不周，何济圣用？是故凡思难系心力，精神不专，难臻功用也。

夫炁针者，炁之心，心之神，神之颖也。是曰：神针、神针，离神无针矣！（玄一）先师云："神针之道，全神为宝，性契其灵，神即其要，但能入神，顷刻功成！"

神针之真，毋忘其神！神之为用，契灵至真。

要明心见性，证悟自性，识得自心。一念专注，凝神灵应，在自性上用神，岂能是一般人可以做到的！没有明心见性的人，那针传达的炁的层次是不会高的，疗效也就慢，或弱。

神奇的炁针，是源于古老的咒治。"原夫气治之道，源诸上古，法则自然，术本简朴，抑天地人类、万物有生之本能欤？人之所倚者，意也；意之所发者，声也，声气之所为者，咒治之先也。是故咒治者，先民尚之，此气治之所由兴也"。《素问·移精变气论篇》有云："余闻古之治病，惟其移精变气，可祝由而已"。夫"移精变气"者，以念"移精"，以气"变气"之"炁治"法也；"祝由"者，聚意止念，全神诵咒之"咒治"法也。

为什么用精神的力量在人体气的层次上治疗？因为"天地以气生，人身以气成；天地以变，人身以应；人身有变，天地之气以应，皆赖夫一气之周转也。"外感以因，内应以成，内磁外引，各致其道。人为三才（天、地、人）之本，气系天地，应合而生，是健旺衰病，生死横夭，莫不由此一气之即，一气之成矣。这一气才是真正的病根，将气治理好了，肉体上的疾病才能真正的好。比如，精神抑郁造成的头痛、胃痛、腹泻等，都是神经性的问题，并不是真的这些部位出现了器质性的毛病。精神抑郁造成气血不畅，气好比是肉体的氧气，气通不到的地方就缺氧，缺氧的肉体器官就难受地嗷嗷叫。炁针首先给病灶的部位补氧，第二，以炁为针，那炁是一念专注的自性、灵性、全神化一的场，是人类、宇宙中最健康、能量最大的场，我们一般人心神的

生命的信息治理 CGA 中医

散乱，物质、欲望的消耗，使我们的气场较弱，而炁针带来的场，可以改变我们自身气场的能量级别，是真正的人体氧吧。当你被天地交泰的气场贯通之后，你就会神采奕奕，仿佛有天地般的力量。

按传统中医，人体有300多个固定穴位，某脏腑有病，即针与之相关的腧穴。其实人的病因、病变之复杂，远胜于固定之相应穴位。用固定不变的腧穴来应千变万化的病疾，诚非易事。人身寸寸皆是穴，人身处处皆非穴，而穴位的确定是先人们根据各自的体验而定。中医针治的根据是人体之经络，而气道金针则按人体病理磁场下针。气道金针是寻疾病之源头，在病理磁力较强的某一点或几点进针，直中病根，使病气散、疏、排、弱，直至病愈。它与传统针治的主要区别是不以人为的固定格式去疗治，而是探准病气之所在而针，因之它更自然，更切合病情病机。

气道金针进入患者体内，顷刻间就会改变患者的病理磁场。针气攻病，所以针会自发地旋转跳动，使病气不断地外释。有的进得较深的针，会被病气推出，此乃病体将愈之兆；有的扎得不深的针，会自动往体内钻，此亦治病之需要。不论针是自发跳动，还是自动出入，都是随病情自然调节，故应静而处之，任其自然。进针后气攻病灶，有时会出现头晕发抖等不适反应。但随着治疗的深入，此种现象会渐渐消除。在气攻病灶、正邪相搏之际，有的针处会疼痛加剧，这也是正常现象。临其时患者可告诉医生帮助排病气，以减轻痛苦。

气道金针法对感冒、咳嗽、各种扭伤等病邪浅表的疾病疗效都很好，一般几次即可，确实是简、效、便、廉。有些表面看起来很严重的急性病如中风、暴哑、暴聋等病症，气道金针也能很快取得疗效。

一般的中医也讲气，然趣致不一：中医言气，理也，可解知而不可即知者也；气治之气，行也，可解知而更可即知者也。是以中医之气，实而虚；气治之气，虚而实也！一般中医的说的气是概念的，而炁针的气是带着真实

《易经》中的
生命
密码 CGT

感受的，是在实践气，说白了，一个是说，一个是做，说的不一定懂，做的才是真懂，能玩气的才是真正的中医。

3. 风水里的中医

易为大道，医为小道，医源自易。而风水是《易经》在方位上的具体应用，风水的方位艺术中包含着丰富的中医知识，从这个角度了解中医，对于提高关于疾病与死亡规律性的认识，也许是最重要的，是人人都该熟知的知识。遗憾的是，流传了几千年的中国传统医学，却从来没有一本教科书，论及风水与人体健康的关系，即使是研究风水的学术著作，也没有专门讲过这个课题。

人禀一气而生，《黄帝内经》说："五日谓之候，三候谓之气，六气谓之时，四时谓之岁。"15 天一个节气，气也指节气，90 天一个季，360 天一岁。24 节气是风、寒、暑、湿、燥、火六气的交替。一阳初始，东方与春季相应，风气使草木生长，木气产生酸味，酸味滋养肝脏；南方是气候较热的地方，与夏季相应，热产生的火气可以生出苦味，苦味滋养心气；中央与长夏相应，气候多雨，湿气重，湿气使土气生长，土气甘味，能滋养脾气；西方与秋季相应，秋天干燥，生长金气，金气产生辛味，辛味滋养肺气；北方与冬季相应，天气寒能保护水，水产生咸味，咸味滋养肾脏。如果把方位、季节、内脏的相应关系画在图上，再加上年份、属相、先后天八卦、五行等，天机就显露出来了。

第一，你可以看到人先天带来的疾病。比如，西南方位属羊、属猴的人，出生在阳气已经下降，湿气很重的季节，属相在这里，本命卦又是坤卦，五行属土，对应内脏为脾，这类人身上有湿气，天生易得皮癣、脾大、得腹部积水的大肚子病。比如，东北方位的艮卦上，对应人的后背和筋骨，属牛、属虎的人容易后背痛，有很多是十几岁就出现了后背痛的毛病。

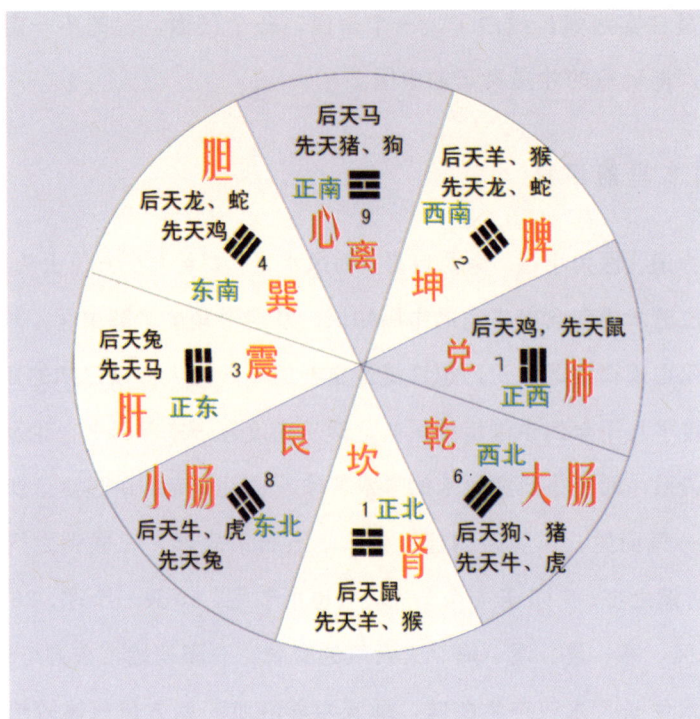

风水的方位卦图

第二，先天八卦对疾病的影响最大。因为，人出生时的外场，赶上五大行星中的那个天体的磁场，这个磁场就会伴随人一生。比如正东方震卦上的先天马，这个方位主肝，属马的天生就容易得肝病；比如，东北方位艮卦上的先天兔，对应的是筋骨、后背，属兔的关节就容易出问题。属鸡的要小心胆，属狗的小心心脏，属龙的小心胆和脾，属鼠的小心肾和肺，属牛的小心大肠等等。

第三，风水中有一句话叫对宫伤害。正东方位的震卦和正西方位的兑卦就是对宫，在对角线上的就是对宫。后天兔，先天马在正东方震卦方位，对应的是肝脏，但是正西方兑卦对应的肺，对属兔、属马的也有影响。而这种影响是随着星体的斗转星移而变化的。比如，2004年八白土小运开始，五黄土病符星转到西南坤卦，属猴的就要遭殃。到2008年，时空转到正北方的坎卦上，坎主肾，这个方位是坤卦的先天卦位，因此，对属猴的又是更大的

威胁。而坎卦的对宫正南方是后天离卦和先天乾卦，离卦对应心脏，乾卦对应大脑，2008 年，对属猴的来说，有肾、心脏、大脑三个伤害的天体的力量一起进攻，所以要格外注意。

当然，如果你的身心都非常健康，内场非常好，外场的邪气进不来，内外不相应。你的灾难就可以躲过去。

风水里的方位从来都不是孤立的，往往要与天时结合，而表示天时的十干，也对应着人体，从而可以了解疾病的发生和消长在时间上的规律。

十干对应于人身部位是：甲、乙，对应为头首膺喉；丙、丁，对应为胸胁；戊、己，对应于心腹；庚、辛，对应于股；壬、癸，对应为手足。十干对应人体内脏是：甲，胆、乙，肝、丙，小肠、丁，心、戊，胃、己，脾、庚，大肠、辛，肺、壬，膀胱、癸，肾（插图 4）。

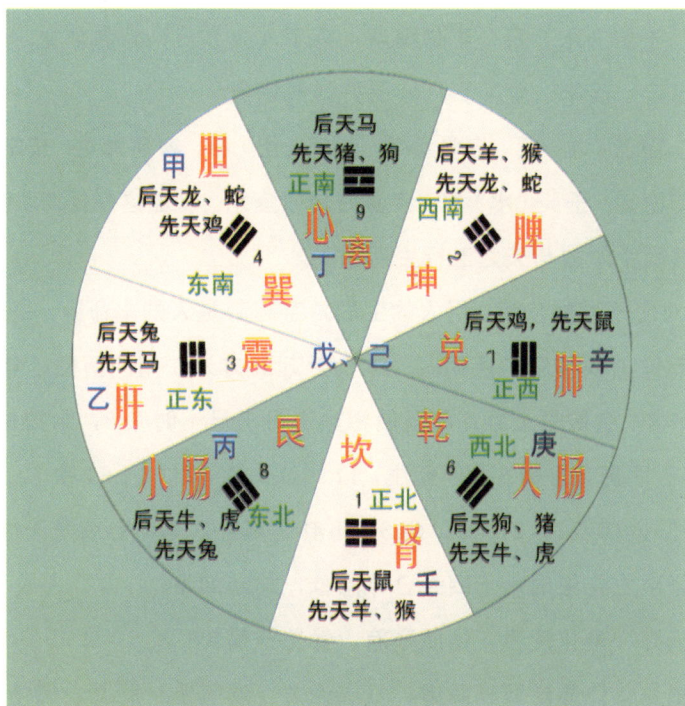

风水的方位卦图

生命的信息治理　中医　CGA

《黄帝内经》中，"脏气法时论"曰："肝病者，愈于丙丁，加于庚辛，持于壬癸，起于甲乙。"这是因为肝属"木"性。丙丁日，属"火"性。木生火，肝木气血被疏泻，所以能痊愈。庚辛日，属"金"性。金克木，肝病容易加重。壬癸两日，属"水"性。水生木，肝木受水的滋润，肝功能恢复。甲乙二日，属"木"性。木、木比和，它会使肝经气血旺盛，肝脏功能增强，肝病就容易好转。

同样的道理：

心病：戊己（土）日，易于缓解；壬癸（水）日，容易加重；甲乙（木）日，容易持续稳定；丙丁（火）日，容易好转或痊愈。

脾病：庚辛（金）日，容易缓解；甲乙（木）日，容易加重；丙丁（火）日，容易稳定；戊己（土）日，好转或痊愈。

肺病：壬癸（水）日，容易缓解；丙丁（火）日，容易加重；戊己（土）日，容易稳定；庚辛（金）日，容易好转或痊愈。

肾病：甲乙（木）日，容易缓解；戊己（土）日，容易加重；庚辛（金）日，容易维持和稳定；壬癸（水）日，容易好转或痊愈。以上这些规律，说明了"人秉五行之气而生，故与天之五行生死相关。"

64卦对应不同的疾病。用人的生辰八字起卦是人的本命卦，是人的先天，对应人体部位关联相应的疾病。（本命卦起卦方法，用阴历数：年既属相数＋月＋日÷8，余数是上卦，年既属相数＋月＋日＋时÷8，余数是下卦），比如，属狗，阴历3月初3酉时初生，11＋3＋3=17，17÷8，余1，上卦乾卦。11＋3＋3＋10=27，27÷8，余3，下卦是离卦，本命卦就是天火同人卦。

参考张延生先生的六十四卦总体意象，总结如下：

乾为天卦：硬化疾患、体质寒凉、骨关节病。

坤为地卦：体质虚弱、脾虚、气虚无力、湿气重、肥胖、懒惰等状态。

水雷屯卦：后部颈肩疼痛、喝酒水及食冷食易胃痛、腰痛等状态。

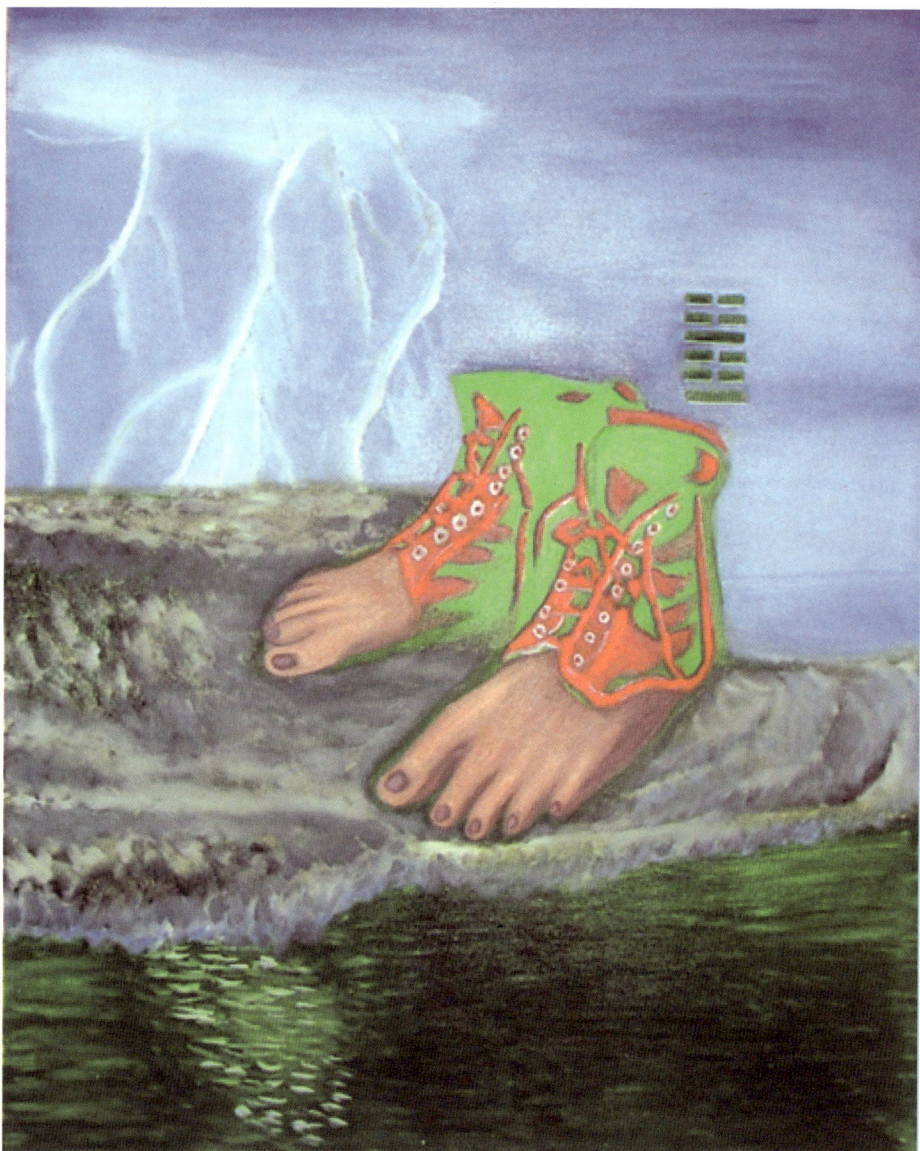

《震卦》创作于 2007 年，布面油画，150cm×120cm

震为雷，在方位是东方，动也、速也、行也。对应人体内脏为肝，部位为足。

山水蒙卦：胃寒、腰椎增生或肿大、脚有水肿等状态。

水天需卦：是胃寒胃胀，大便前头干后头稀软、体质内凉外寒、上寒下凉、后颈椎硬化弯曲、下肢血管曲张硬化或出血、血管硬化等状态。

天水讼卦：下肢血栓、上凉下寒、外凉内寒、下肢水肿、脑后有淤血、积水或水肿等状态。

地水师卦：上身湿肿，下身水肿、脚部易冰凉、易腹泻、脾肾阳虚等状态。

水地比卦：人身体为湿寒性体质、有腹内停水、后颈椎及肩部易疼痛等状态。

风天小畜卦：左肩因受风寒而疼痛、腿脚血液循环不畅、易腿凉或腿疼等。

天泽履卦：手脚乃至全身都发凉、怕冷、易头疼、下肢或下身有伤或做过手术、哮喘、肺及气管受寒引起的喘息等状态。

地天泰卦：腿脚有力、经络血脉通畅、体质是内寒而外有湿、食欲很好等状态。

天地否卦：

腿脚发软无力、胃纳不畅、食欲差、全身血脉气血不通畅等状态。

天火同人卦：

感冒、受寒凉的疾患状态。

火天大有卦：外热内寒性的体质、上热下寒、有咽炎和呼吸道疾患、有上冲症状等状态。

地山谦卦：脾胃虚弱、气虚、腿脚不利索等状态。

雷地豫卦：背部酸疼、吐酸水、上肢爱动有力，下肢软弱无力、肝气虚、脾大等状态。

泽雷随卦：气短、中气不足、小腹爱胀气、高压偏低低压高、上身短下身长等状态。

山风蛊卦：胃中胀气、小肠胀气、小肠疝气等状态。

地泽临卦：脾脏小、消化不良、气短、肺气虚、脚小、右腿截肢或有伤残等状态。

风地观卦：胆气虚、左肩受风肌肉疼、右肩湿气胜引起的表皮疼痛、是表有风里有湿气、中气虚引起的喘息等状态。

火雷噬嗑卦：肝火盛、肝炎、胸部丰满、脂肪肝、爱吃苦酸性食物或烧烤性酸辣性食等状态。

山火贲卦：前列腺肥大、小便黄热、胃热、左心室阻滞等状态。

山地剥卦：脾胃虚弱、疾患腐烂脱落、临死之前（奄奄一息，"阳神"脱离肉体之前）、佛家修禅与道家修炼到了将要"脱胎换骨"之前、"阳神将要出窍"（一阳到了终颠）之前等状态。

地雷复卦：下肢无力、脾虚、左上肢无力、肝气虚等状态。

天雷无妄卦：不用吃药就能自愈的状态。还是头痛、肝硬化、胃寒、上腹虚满，下腹胀气、右侧胯关节痛等状态。

山天大畜卦：胃寒、气短、下肢寒凉、胶质瘤、体或内里有坚硬的肿块、胃黏膜增厚或硬化等状态。

山雷颐卦：胃痛、饥饿、腹空、体内虚等状态。

泽风大过卦：气管或肺寒的喘息状态。又是气管炎、肠梗阻、腹中大面积的寒积等状态。

坎为水卦：胫腰易酸痛、后脖颈肩痛、后腰眼儿痛等状态。

离为火卦：热性体质、上有充血性咽炎，下有内热小便热黄、中腹部感到气短喘息等状态。

泽山咸卦：手背、脚部有伤或伤疤、有少量胃气、胃口小、鼻子前面有伤等状态。

雷风恒卦：有咳喘、左肩受风寒疼痛、左臂筋痉挛、胆区疼痛等状态。

天山遁卦：右后侧脑血管有梗阻、脑瘤、胃寒、体质寒凉、胆管堵塞等状态。

雷天大壮卦：咳嗽、气管炎、头疼、右腿疼、右腿关节疼、右侧升结肠炎症、肝硬化、骨关节痛等状态。

火地晋卦：心气虚、脾虚湿热、神衰失眠等状态。

地火明夷卦：湿热下注、体肢肥胖、脾虚热、下肢热上肢胀、找不出原因也想不到的突发性疾患与伤害等状态。

风火家人卦：左肩受风酸痛、湿热下注小便黄热、下肢或脚心发热、心率不齐、胆有虚热等状态。

火泽睽卦：咽喉充血、浅表性胃炎、血压低、贫血、有痔疮、下身有伤或做过手术等状态。

水山蹇卦：胃内停水、有充血或出水性肿胀或肿瘤、后脖颈酸痛、腰椎间盘突出、左下肢或左脚背水肿等状态。

雷水解卦：腰酸痛、左手腕水肿、左胁下或肝区有水肿等状态。

山泽损卦：胃的下部幽门隘窄、左脚背或脚底有伤损、胃底部有穿孔等状态。

风雷益卦：左肩或左臂酸疼、胃痛且胀气、胯股酸疼、左胁肋痛、左腿筋骨痛、胆区胀痛等状态。

泽天夬卦：血管硬化或弯曲且细小、胃寒、饮食量小、末梢循环不畅、手脚易冰凉怕冷等症状。

天风姤卦：左肩关节酸疼、右腿关节冷疼、头疼、头部右后方基底动脉硬化等状态。

泽地萃卦：气短、脾虚气喘、食道及贲门狭窄等状态。

地风升卦：脾虚腹中胀气、湿气重、头晕、胆囊壁肥厚等状态。

泽水困卦：胃出血、下肢冰凉、皮下容易出血、毛细血管脆、低血糖及低血压、贫血、体液减少、尿少、痔出血等状态。

水风井卦：风湿病患、后脖脊易酸痛，下腹部容易胀气等状态。

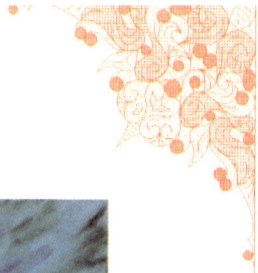

《巽卦》创作于 2007 年，布面油画，150cm×120cm

巽为风，在方位是东南，入也、齐也。对应人体内脏为胆，部位为股。

泽火革卦：心脏主动脉细小、低血压、气短、有低烧、小腹内有内热、小便黄少、痔疮等状态。

火风鼎卦：咽喉有充血性症状或咽炎、口腔溃疡、声带充血或破损、右眼视力差，左眼散光、胃热肚子胀气、心脏的冠状血管细等状态。

震为雷卦：肝火旺、肝大、腰椎及体形腰部弯曲、左腿酸痛等状态。

艮为山卦：面色不好，青春痘、疙瘩或面斑多、胃黏膜增厚或硬化、胃消化不良等状态。

风山渐卦：胃中胀气、胆管阻塞、血管传输或神经传导传递系统有阻塞或硬化等状态。

雷泽归妹卦：低压低而高压偏高、咽喉疼痛且充血、左腿下部有伤残等状态。

雷火丰卦：妇科有疾患、易神经过敏、心率快、心慌、干咳、神经质、急性充血性炎症等状态。

火山旅卦：胃热、胃内充血、心肌梗死、梗阻或硬化、有红肿疾患、乳腺增生子宫肌瘤、眼有红肿等状态。

巽为风卦：左肩的左前上方受风而酸痛、左太阳穴处疼痛、胆囊壁薄而胆管细长、上下腹部易胀气、等状态。

兑为泽卦：上下牙齿小而易缺损、口腔及呼吸道易有疾患，手脚易冰凉而人怕冷、血压低等状态。

风水涣卦：多患有风湿病症、左肩尤其是左后肩受风寒而疼痛、腰胯酸痛、下肢寒凉、胆汁分泌不均匀、胃容易胀气等状态。

水泽节卦：颈椎后或后肩背酸痛、椎管狭小引起的腰疼、12指肠球部肿胀或溃疡、皮肤易过敏或起各种疙瘩等状态。

风泽中孚卦：左肩有伤疼、胆囊小、胃胀气且食欲小等状态。

雷山小过卦：肝结石或肝硬化、胃痛、左臂的手腕或手背痛等状态。

水火既济卦：血虚、血质黏稠、血流不畅、性欲太过、肾虚、腰酸腰痛、身体为上部寒下部热、外寒内热、血热、膀胱内热，小便黄热、子宫体淤血等状态。

火水未济卦：血实、血寒、心肾不交、心脏健壮、心内淤血等状态。

4.《黄帝内经》中的风水

从风水的角度看中医也就是从时空的切入点，关照人体的健康。十二属相都分布在五行中，不同年份同一个属相的人，所属五行是不同的，同一个年份，同一个属相，本命卦也不同，所属五行就不同。比如属猴的，1920年的男猴是艮卦，属土，女猴兑卦，属金；1932年的男猴，坤卦属土，女猴，坎卦属水；1944年的男猴，坤卦属土，女猴，巽卦属木；1956年的男猴，艮卦属土，女猴，兑卦属金；1968年的男猴，坤卦属土，女猴，坎卦属水；1980年的男猴，坤卦属土，女猴，巽卦属木；1992年的男猴，艮卦属土，女猴，兑卦属金；2004年的男猴，坤卦属土，女猴，坎卦属水。（男女本命卦表1、表2）

《灵枢·阴阳二十五人篇》论述人的年忌：黄帝曰：得其形，不得其色，何如？岐伯曰：形胜色，色胜形者，至其胜时年加，感则病行，失则忧矣。形色相得者，富贵大乐。

凡年忌，下上之人，大忌常加九岁：16岁、25岁、34岁、43岁、52岁、61岁。皆人之大忌，不可不自安也。感则病行，失则忧矣。当此之时，无为奸事，是谓年忌。

木行的形体，显现出了土行的黄肤色，为形克色。木行的形体，出现了属于金形的白肤色，则为色克形。当发现这种形色相克的反常现象时，再逢到年忌，此时，假如感受了病邪，就不免生病。

所谓年忌，就是逢到了克己、胜己的年份。比如，土命的人，到了木年的年份，木克土，那么对于本命卦是属土的坤卦、艮卦的人来说，这就是年忌。如果，在形和色上面，已经遭到了相克，再逢到年忌的相克，这样就会造成一种"克中有忌，不病亦有失者"的状况。不病都会有闪失，何况再有病呢？

　　大忌的计算标准，通常是从 7 岁开始的，然后依次相加 9 年。那么，16 岁、25 岁、34 岁、43 岁、52 岁、61 岁，这都是人的所谓大忌之年。在大忌之年，则会出现克中有忌的情况。因此，特别强调要注意摄生调养。如果有所感受外邪，则会生病；生病治疗稍有疏忽失误，就会使病情变得非常危重。所以，逢到这些年岁的时候，尤其要求你谨慎地调养。

　　明于年序之忌，除视观其形色之外，还当察看其色部，其"色部"若"骨高肉满"者，则尚可安康，若色部坑陷不起，或纹乱者，必不免于灾患也。如是推之，则其人之吉凶病安，寿夭穷通，皆可据而知也。是故流年相法，自当。

　　从色部上来看，16 岁面部相应的流年部位是上额。25 岁，是在印堂附近。34 岁，相应于人的眉毛部位。43 岁，相应于人的鼻骨上部。52 岁，相应于人的面部中部位。61 岁，相应于人的嘴唇下颏部位。在这些部位，观他的形色。如果是骨肉高满、丰隆、润泽，则说明健康无碍。如果这些部位表现为坑陷不起，或者纹理紊乱，则表示灾病不祥了。

　　方位与内脏的关系，提示着诸多的养生信息。杨力教授在《周易与中医学》中指出：水为河图生数"一"，水为至阴，为生命之源，万物之祖。故水为天之始数，肾水居北方属坎卦。肾阳极其宝贵不能耗散，肾水蛰藏，为封藏之本，藏精之所，精为气之母。肾阴为五脏阴之根本，肾阴关系着全身阴阳的平衡，因水为天数之始，万物之基，故顾护肾阴（精）为永葆生命的第一要义。肾为天一之水，水生木，肝属木，故肝肾有重要的同源关系，养肾水以济肝之阴对老年病学极有意义。坎卦肾水，离卦心火，坎离交泰、水

《脾神常在》创作于 2011 年，布面油画，150cm×120cm

脾神对应天体的土星形成的黄色能量团黄凤。黄凤也是人体脾脏磁场。《黄庭经》说：主调百谷五朱香，辟却虚羸无病伤，外应尺宅气色芳，光华所生以表明，长生高仙远死殃。

作为风水用品的摆放，《脾神常在》挂在房间的中央，对应人的脾脏，调动土的磁场，营养人体的脾脏，昼夜存之自长生。

生命的信息治理 中医 CGA

火既济，是人体生命学中的重要环节，故养生家极力推崇取坎填离、填精补脑，认为是返老还童的手段。气功家以坎离交通、气运心肾（小周天）进行修炼。理论在于人体出生之后乾卦由纯阳卦变为两阳含一阴的离卦，坤卦由纯阴卦变为两阴含一阳的坎卦。故道家创立取坎填离、乾坤交媾的理论即以坎中之阳填离，而使离卦恢复为乾卦，以离中之阴返济肾水，使坎卦返还为纯阴卦。由此而偿济人体日愈耗损之肾阴而达还童养生之目的。也说明水不仅在自然界，而且在生物界，人体生命科学中皆为至关重要的物质。

四季对内脏的影响：四季的天地之气也对应人体五藏之气，所谓"正月二月，天气始方，地气始发，人气在肝，三月四月，天气正方，地气定发，人气在脾，五月六月，天气盛，地气高，人气在头，七月八月，阴气始杀，人气在肺，九月十月，阴气始冰，地气始闭，人气在心，十一月十二月，冰复，地气合，人气在肾。"反言之，人体与四季的对应信息是，肝主春、心主夏、脾主长夏、肺主秋、肾主冬。人体疾病的变化也与四季相关。比如患肺部疾病的人，其病的发生、发展就与四季变化相关，"病在肺，愈在冬，冬不愈，甚于夏，夏不死，持于长夏，起于冬。"

从风水的角度看中医，更可以明了《易经》的天人合一的思维方式，人是宇宙的组成部分，要了解人，就要了解宇宙能量场，知道宇宙外场对人体内场发生影响的规律，自觉地随着24节气的变化，调整自己的生活，把天人合一变成实在的自觉行为，你就可以长寿无疾。

中医的核心理论是阴阳，肉体和精神体是一对阴阳，宇宙能量场和人体小的生命能量场是一对阴阳。相对于本命卦是震卦的人来说，春季是他的生命旺运期，冬季是他的生命气衰期，这两者之间又形成了一对阴阳，阴阳洒落在生命的每一个角落。

中医治疗，甚至包括西医治疗，其实是对人体的信息治理，吃千年人参，要获得的是千年的日月精华。即使是西药，也是人体需要的某种矿物质，也

是在进行信息治理。既然如此，就有一个接受体的信念力量在起作用。对天津的盲中医用卦数的绿豆和葡萄干治咽炎，如果你感觉几粒绿豆、葡萄干的能量是不是太小了，甚至怀疑这样科学吗？怀着这样的心念，这个方子对你肯定不灵。你要知道，对于所有的疾病，外部施加的治疗只占三分，你自身信息调配的力量占七分。如果你对《易经》非常崇拜，对场的感应力非常强，就是这几个数字，几粒小东西，你就可以完全把自己想象到真的置身于那个震卦的场里，意到气到，你的意念到了你的肝经、脾经上，把生气带到了内脏相应部位，你的手摸不到的内脏，你用气在按摩它，在运动它，在令它康复，生病就是那里的气弱了，气强起来，病自然就好了。如果你能达到这样的程度，你的病一定能好。其实，是你自己的心力使你自己好起来。

5. 八卦象数显神奇

为了出版《八卦象数疗法》，我出差去调查。在去青岛的飞机上，才发现脚腕子竟然肿了，见到李山玉老师，她让一个学生给配方，80.0001000.0004000，写在胶条贴在痛处，过10分钟就开始消肿，我在贴前和贴后都拍了照片，记录易经的伟大，八卦是宇宙的总规律，是我们生命的能量场，数就是隐态能量场的外显，违背了阴阳平衡的场，把场一调病就好。8是坤卦，对应人体脾，主肌肉，1是乾卦，代表正气，1也代表右脚。4是震卦对应肝，肝主筋，肝气不足筋痛。奇数0为阳，偶数0为阴，这个方子都用的是奇数0，左右相同就是阴阳平衡的意思。80，而不是08，是让肉生阳气。八个符号可以测所有的事，治所有的病，这就是中国哲学的整体观，隐显共治。

人体用数来体现，乾为头在数是1，坤为腹在数是8，兑为口在数是2，坎为耳在数是6，离为目在数是3，震为足在数是4，巽为股在数是5，艮为

背在数是 7。卦、数与五脏六腑、四肢百骸息息相关，而疾病的生灭、命运的变化都发生在承载着五脏六腑、四肢百骸的人体上。天人合一，宇宙八卦场就浓缩在人体，丝毫不爽。

先天数，后天图学过易经的人都知道，但是，它和你的身体的关系你未必知道。先天八卦把空间定下来，把宇宙万物自然现象的属性定下来。反映的是本原的规律性，是先天存在的。乾为一，兑为二，离为三，震为四，巽为五，坎为六，艮为七，坤为八。先天数产生于本原，不管在什么情况下，其卦序是固定的，是永远不变的，所以能包含宇宙万事万物的信息，先天八卦就是宇宙本原场。后天八卦与四时、五方、五行的关系密切，它以五行相生为序，以四时的推移，显示出万物生长化收藏的运动规律。为此后天八卦所体现的是流动的过程，是动的画面。

八卦象数疗法用先天数、后天图的含义，深刻的领会是治疗效果神奇的关键。用先天的数，用后天的象，是用先天的场纠偏后天的损伤。肉体是后天的，思想是后天的，灵是先天的，信就是请出灵来工作，就是要感觉。比如李老师讲课的时候给个方子，让大家感觉：111000.666000.444000.555000，过了一会儿老师问感觉，有的人眼睛不舒服，有的人跑厕所拉肚子。老师说这是个大泄方，拉肚子的感觉是对的。这是在教我们感而遂通，有感觉才通了神，神的力量所形成的场是无比强大的，念数接通的是宇宙本原场，以本治标。大自然是生长化收藏，阳气是左升右降，左边肝气上升，右边肺气下降，反了就是病，用自然先天的场治理后天场的问题，某种意义上就是用神治理肉体。

数就是卦，卦就是场，《八卦象数疗法》就是道医的用神调场治病。吕洞宾祖师《医道还原卷三》说："自人身中之火言之，其起也，或伏藏一点微火，隐而不露，追积久，一遇木林枯朽，七情摇动，半点之微火，遂发而烧燃，遍乎上下各宫，此半星烧万顷之义。此种治法，贵在防微杜渐，火未发，

则无形之道医为最善最高；火已发，则必假有形之药治之。治后仍要请无形医士，再加调治，方可永远免患。"从吕祖的话中，我们可以了解为什么要自己学会八卦象数配方，哪里有小问题，自己最清楚，及时用默念数字的方法，把微火去掉了，让它形不成大毛病。等到因为人的麻木造成病了，即便用有形的药物治疗了，还是要无形之医的调治，才能永绝后患，因为病用药治好了，坏的场还在，坏场不清理掉，病还得复发。清理坏场，只有靠无形之医疗，八卦象数就是最简单的无形医疗手段。

有几个常用数，380 健脾明目，650 补益心气，720 止痛，160 疏泄，和其他数配合，本脏数 3 是心，肾是 6，肝是 4，脾是 7，肺是 2，给本脏生阳就在后面加单数 0，降阳气就用五行相生相克关系，比如肝气不足，肝是 4，属木，补肝气就 640，水生木。堵了就泄，160。前边是我去青岛听李老师讲课的课堂笔记中的方子，是个基本基础。如果疗效好，必须活用，随时根据感觉变换方子。因为病是活的，在不断变化之中，只有自己感觉最清楚，及时地随时变方，就像打仗一样，靠别人不行，非得自己负责到底，必须自己成为自己的随身医生。《八卦象数疗法》在象数配方中，0 的使用很普遍，它有其特殊的内涵与功能。古人用"0"表示太极之元气浑然之象，若没有太极"0"无形之气的牵制，八卦也就不存在了。为此它是象数配方中不可缺少的。临床实践证明，0 的基本功能是强化信息波的能量，以通经气调阴阳。一般地说，并列 0 的个数为偶数者偏滋阴，并列 0 的个数为奇数者偏温阳；0 位于象数前者稍显偏阴；后者稍显偏阳。

比如当时我的右脚腕肿了，贴了一个数字条 80.0001000.0004000，一个小时就消肿了，念几天痛感完全消失。8 是坤卦，对应脾主肉，1 乾卦对应右脚，4 是肝主筋，数字对应脏器，哪里有毛病了就往哪里送 0，寒了生阳，热了清火，掌握好数字之间五行生克的关系，如 650.30.820，此方温通肾阳，健脾益气。一连串的相生肾炁补起来，脾胃也好了。以下是几个五脏常用配方：

生命的信息治理
中医
CGA

1．心：补益心气为主。常可配方为650，以补肾阳助心气。失眠、多梦、健忘等症状，甚或出现精神失常等，以健脾安神为主，象数配方为30．80。如出现心血不足，而见舌质淡白，伴有心慌心悸等症，可取象数配方为430，以振奋肝脏补心血。380．820静脉曲张。43330心脏衰竭念了就活个过来。

2．肺：肺气不足，则出现呼吸无力，或少气不足以息，以及语言低微，身倦无力等气虚不足之症状。这种症状在象数疗法中，以补肺气为主，象数配方为820。若肺气不得宣发而壅滞，则可见到胸满、鼻塞、咳喘等症状，一般振奋本脏宣发之能，佐以健脾，可配方为2000．80。咳嗽、喘息、胸闷胁胀等"肺气不宣"或"肺失肃降"的病症，配方亦可同上述之2000．80。小便不利，水肿等，象数疗法可用振奋本脏之气，以利肃降并佐以温通肾阳，以利水液代谢。可配方为2000．60。出现鼻塞、流涕、打喷嚏，嗅觉不灵等，如若风寒引起，一般可配象数70或07。发高烧260．650．80。皮肤干燥0200。

3．脾：脾为湿邪所困而出现的头重、体沉、腹胀满、腹泻、水肿等症

状时，象数疗法中，在健脾利湿之时，常配用肺、肾二脏的象数。可配方为650.30.820。故650.30.820以温肾，振脾阳，运化水湿。脾失健运，清阳不布，营养缺乏，必致肌肉萎软，四肢倦怠无力等。此种症状常用以缓补脾气的方法治疗。其象数配方为80.20.650等。方中80可振奋脾脏，20以鼓动肺气，650善振肾阳以佐助脾运。健脾明目380。脾虚流口水380.70.160。

4. 肝：如肝血不足，常可出现视物昏花，筋肉拘挛，屈伸不利，以及妇女月经量少，甚则闭经等。临床上常以补肝血为主，其象数配方可为640或40。如肝气不舒，可见郁郁不乐，沉闷欲哭，月经不调以及影响脾胃功能等，临床常以调畅肝气之法。象数配方可为430.20。肝火上炎而至眼睛红肿者，一般可配方为003。其中3为离卦，主眼，属火。00为偶数，为阴；又，0位于象数前偏阴，故可起水克火之效。如若肝气不足引起眼睛干涩等，在象数配方中，一可配方为640补肝血，二可取650补肝血。前者一般用于阴虚者，后者一般用于阴阳俱虚者。380.40眼底出血。肝气郁，40.70.720。灰指甲640.400.050。抽筋400.4440。红眼病400.040。眼睛火辣辣地痛4300.4380

5. 肾：出现精神疲惫，腰膝冷痛，形寒肢冷、小便不利或小便频数，男子阳痿，女子宫冷不孕等，则属肾阳虚衰，温煦和生化功能不足所致。常以振奋肾阳为主。象数配方，一般可为20.650. 方中6为坎卦，主肾；5为巽卦，属阳木，临床可见650善振肾阳，20为兑金生肾水，助肾气。肾阳不足，气化失常，就会引起水液代谢障碍而导致疾病。如小便短小，全身浮肿等，以补益肾阳，健脾化湿为主，其象数配方一般可为650.3820等。肾精亏少所致之病症，象数配方多以20.650.30.80为常用。肾精不足，则出现耳鸣、听力减退等症。其象数配方亦可取20.650.30.80。高血压，大小便失禁00300.820.650。

《肾神玄冥》创作于2011年，布面油画，150cm×120cm

肾神对应天体的水星和北方七宿形成的黑色能量团玄武。玄武也是人体肾脏磁场。《黄庭经》说:
主诸六府九液源，外应两耳百液津，百病千灾急当存，两部水王对生门，使人长生升九天。作为
风水用品的摆放，《肾神玄冥》挂在北墙正中位，对应人的肾脏，调动水星和北方七宿的磁场，营
养人体的肾脏，昼夜存之自长生。

人的遗传的总体场，主要是与父亲的总体场有关，与母亲的总体场没有多大关系。不论这个父亲与哪个姓氏的女人结婚生下的后代，不论男孩女孩，他（她）们的遗传场性，总是与父亲的场性一致。

5. 生命的内场传递
——子嗣

感应、男女感情及夫妻之道、感情沟通、和平昌盛、互相沟通（交感）。

止而说、男女感情专一、上下级相感应才能保持稳定、双方思想与感情交流才能达到合谐、交流与沟通、欢快喜悦、喜爱等意。

颜色由27％的白色与72％的棕色合成。

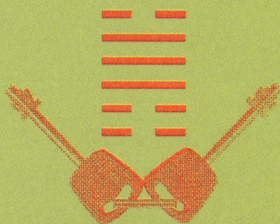

咸卦

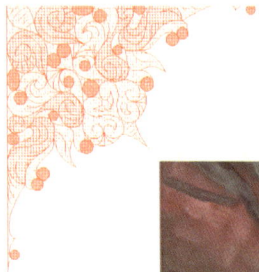

《自然之子》创作于 2006 年，布面油画，150cm×100cm

  元神携带着累世的信息和父系、母系的遗传基因，是个高能量信息团，无形无象却光芒四射，无拘无束却惟道是从。元神是宇宙能量的搬运工，只有元神能把宇宙高能量源源不断采集到人体，让细胞发生改天换地的变化。元神是自然本心，是灵感、直觉、大智慧的代名词。

不管你是怀着迫切的心情求子，还是不经意间，意外地老天赐予了你孩子，他们都是父母的阴阳之气，与那时的时空能量场相互感应的结果。如果感应的事情发生在1956年，生的是男孩，属艮卦。风水是易经在方位上的应用，而八卦八个方位，是根据日月的变化、四季的流转、天体五大行星的旋转等综合而对应到地球的人类的。1956年的男猴，本命卦是东北方的艮卦，方位卦是西南方的坤卦。当2004年，掌管20年小运的八白土星飞入中宫时，东北对西南形成对冲。再加上五黄土病符星运转到西南坤卦方位，两种伤害力量汇集，就有一大批1956年的男猴遭殃。早逝、破产、离婚等人生的悲剧，集中在这个时候出现。明白了这种玄机，就应当知天顺天，把握下一代的人生。

1．一念感召

《易经》六十四卦，分上经、下经两部分。上经第一卦是乾卦，是从阳气讲起，万物始于阳。下经的第一卦，也就是总的第31卦，是咸卦，讲的就是生殖。

咸卦，上边兑卦是少女，下边艮卦是少男。少女在上，表示阴气自上向下，少男在下，表示阳气自下向上。阴阳二气在空中交合。"序卦传"曰："夫妇之道"。"象传"曰："咸，感也。柔上而刚下，二气感应以相与。止而说，男下女，是以'亨利贞，取女吉'也。天地感，而万物化生；圣人感人心，而天下和平。观其所感，而天地万物之情可见矣。"而六爻的爻辞，写的是从脚趾到唇舌的接触、交合、交感过程。

男女的交合，在咸卦的表达上，兑为泽是水，艮为山，是山水的阴阳之气的上下交合、感应。而山水在不同季节是不一样的，在春季，山是绿的，水是欢快流淌的，而冬季的山是灰秃秃的，水是结冰的。因此，山水是服从天体的，是有鲜明的天文背景的。男女的交合，与当时的时间、空间结合在

生命的内场传递 CGA 子嗣

一起的时空能量场，形成天、地、人综合的特定的场，新的生命就是这个特定的场幻化出来的。一生的命运、疾病、才智等，都打上了那个特定的时空能量场的烙印，是父母的爱与时空能量场感应来的孩子。

我的一个朋友，已经当了奶奶。每当谈起小孙子是怎样来的时候，就乐得合不拢嘴。一次旅游到了黄帝陵，看到大家都在撞钟，她也凑上去，管事的和尚问她求什么，她想了半天想到儿子结婚几年了，还没有小孩，求个孙子吧。撞钟撞一下一块钱，最多680块，她就选择了680下。第二年，她就抱上了孙子。这个孙子是奶奶一念招来的，这位奶奶看着小孙子眯起眼睛那笑容，美的真像蒙娜丽莎的微笑，带着永恒的神秘性。那是她一念诚恳的杰作。

她虽然无意识地去旅游，并没有计划去求子。但是，当求子的心一动，她选择的680下，说明她非常诚恳，她没有想少花点钱，意思意思，也没有想灵不灵，而是，一念诚恳，除了诚恳别的都不存在。这样，她的念力就把她与她所期盼的能量场沟通了，她和那个能量场变成一体的存在。易经的每个卦都是一个不同的场，当一个咸卦出现，我们可以预知，青年男女相爱，交合的结果是一个新生命要来到这个世界。生孩子这个事情的发生，一定是有很多条件的，这些条件在刚刚出现时，就是这件事还没发生时显示的先兆。易经高手能敏锐地捕捉到先兆，通过卦推测出事情的结果。未卜先知，十分准确、灵验。因为，所有的事情都是能量场作用下产生的，与特定的能量场沟通，就可以感应到将要发生的事的先兆。那位奶奶，就是在管事的和尚问她求什么的那一刹那，感应到了她将要得到一个孙子的能量场。她的诚恳的信念的力量，把那个场的信息，从若隐若现，发展到十分清晰、有力。当她回家把这个消息告诉儿子、儿媳妇，本来已经结婚几年，有小孩这件事的条件与能量正在汇聚的旅途上，在全家人想要有个孩子的精神场的作用下，能量加快了聚集的步伐，果真，第二年就抱上了孙子。这已经发生的事情反过来可以验证，奶奶确实感应到了孙子要来的先兆。奶奶的场和孙子是一体的，

孙子的血管里流着父母的血，更流着奶奶的血。奶奶的灵在孙子的肉身还没形成的时候，在孙子还是一口无形的阴阳之气的时候，奶奶已经找到了他。把他招到儿媳妇的肚子里，养成一个有形的活生生的男孩儿。生命由神、气、形三部分组成，形指肉体，是有形的，而神、气是无形的，在神、气的层面，父母、兄弟、姐妹等亲戚，都是相通的，因为，他们的生命能量场的频率与密码非常相近，父亲突发病，远在千里外的子女可以感应到，就是生命场作用、传递的消息。人的感应力不同，那位奶奶感应力就很强，小孙子在幼儿园发烧了，她马上就能感应，而小孩的父母却感应不出来。

人的遗传，主要是与父亲的总体场有关，与母亲的总体场没有多大关系。不论这个父亲与哪个姓氏的女人结婚生下的后代，不论男孩女孩，他（她）们的遗传场性，总是与父亲的场性一致。而奶奶是父系家族的首领，虽然是女人，但是，奶奶这个角色，带有父系的生命能量场更强，从物理学的角度解释，同类相吸。奶奶能把孙子一念招来，是因为奶奶的愿望一发出，宇宙中无数的漂浮的能量就在那一声令下聚集。愿望越强烈，能量就招得多，招得快，能量密集地打着团凝聚，终于以有形的形式出现。

至于生男生女，可是由女方决定的。易学大师张延生的父亲曾受周恩来总理的委托，做过科学的统计。"我父亲当时通过对 20 多个大城市妇产科医院的三百几十万人次生育者的调查、分类、统计、归纳等，发现妇女从中国传统中的虚岁 14 岁到 49 岁（更年期闭经之前），多大岁数（虚岁）"阴历"几月份怀孕，是男是女，是有一定规律性的。与男方如何没多大关系。不管女性当时她与哪个男人成的孕，这种规律基本不变（其准确性在百分之九十五以上。那百之五中，往往可能是把日子记错、各种病态情况或难言之隐造成的。再就是在闰年闰月的转换过程中产生的误差等原因）。"

西医的说法是生男孩：性交要简短，在女方没有达到高潮之前尽快射精，男方在射精前把阴茎拔出一半。生女孩：性交过程要延长，女方应达到多个

性高潮，男方在射精时应尽量地插入。要想怀上一个男孩，丈夫就必须在妻子分泌液的酸性浓度很高时尽快射精。很快射精，而插入又相当浅，增加了精液必须游过的距离。比雄性精子游得快的雌性精子就会比雄性精子先碰到酸度很大的母体分泌液，从而中和酸液。因为雌性精子在接触到酸液后很多都被杀死，所以雄性精液与卵子结合的概率就增加了。要想生女孩，丈夫在射精前必须带动妻子经历多个高潮，射精时深度插入。因为高潮引起中和酸液的碱性分泌液的产生，所以雌性的精子的存活率就会大大增加，与卵子结合的概率也相应增加了。又因为射精时插入很深，减少了雌性精子要越过的距离，同样增加了怀上女孩的概率。

这样看来，西医的酸碱度决定性别，只能是局部的参考，大局还是场决定的。

2. 父母生我们之前我们在哪儿？

父母生我们之前，我们在天上，是清空中一口清气。用科学的仪器、摄像机镜头，可以看得十分清楚，白色的透明泡泡。那是宇宙大元气的一个小粒子，宇宙大太极是大元气，我们每个人的灵就是个小元气泡泡。元炁是精微能量，在天的元气，在我们人身就是元灵。动植物等一切生命，都是一个元灵投胎的结果。从这个意义说众生平等，六道众生都是平等的一灵投胎。只是灵的能级不同，级别高的为人，人里灵性级别高的是优秀的人，灵性级别低的是平庸的人。人来人间走一回为的是什么？就是来提升灵性的能量，灵性的能量决定你这一世的为人的成就，下次再来投胎，你的充足的灵能，使你成为大富大贵的人，对前次投胎的人生经历完全知晓。或者，你灵性能量提升了，你就可以不再来，成为高维空间的圣人、真人、仙人、佛。不再需要物质的肉体，但是你的灵魂的力量足以影响无数的人与你互动。

元炁下面四个点是火字的变体，表示它是日光 气，上边一个近似无的字，表示这种气近似没有物质现象而能使万物发生变化的精微能量。当这种精微物质，没有外力的作用时，能量和形体相等，阴阳平衡叫无极。在太阳光的作用下，能量大于形体，它向上、向外伸展的状态叫阳升，阳升消耗能量，很快能量小于形体，它掉头向下、向内收敛叫阴降，阳升、阴降叫两仪。

当精微物质的运动处于最小幅度时，像水分子形成的云雾那样，即"氤氲"的状态，静态与动态精微物质极易发生交感，即"氤氲交感"。氤氲的运动，使两者既相虚又相连，这种状态称之为"和"，有了和这种新型的物质，使无生命的精微物质，变成了有生命的基本物质了，也构成了生命物体形成的过程。三生万物。当父母交合到阴阳之气化合到一起时产生的电流，就是阴阳混一的元气，与在空中飘浮的某个元气泡泡发生感应，作为元气泡泡的我们一愣神，一打盹，就在那一瞬间，我们就被吸入娘胎。因此元炁是生身之原，元炁也叫和气。我们说的一团和气的本义，就是如此。

《天星地潮》创作于 2007 年，布面油画，150cm×100cm　深圳武女士收藏

阴阳丹法之秘，月亮与海水潮汐相关，女子月经与月相变化相关。天应星，地应潮，女人在月经前后两天半是元精发动期，此时有眉间发亮的生理先机。海螺如子宫，大海又是海螺的子宫，天地是大海的子宫，道是天地的子宫。

生命的内场传递　CGA　子嗣

这一团和气又叫原始祖炁，它无始无终，不生不灭，天地有坏，这个不坏。气功层面的气是人为的，有生灭。原始祖炁不是来自父母，而是宇宙之母的无极道，为元神所禀，为德一之炁即元炁所显。父母一念将媾之际，圆陀陀、光灿灿，先天一点灵光撞于母胞，如此○而已。儒谓之仁，亦曰无极。释谓之珠，亦曰圆明。道谓之丹，亦曰灵光。皆指此先天一炁、混元至精而言，实生身之原、受气之初、性命之基、万化之祖。在父母交媾之际，清空有一团和气被父精母血包裹，三个条件形成一个生命。之后这阴阳混一的和气一分为二，上结灵关藏元神，下结炁海藏元精，之后才生出五脏六腑。

元炁不仅是生命的第一位报到者，还是整个身体成长的造就者。从婴儿在娘胎中成长的录像看，人先长大脑、心脏、五脏六腑，到几个月后才长四肢。这口原始祖炁进入人体，一分为二，大脑是元神，肾区是元精。在长出后天的物质的心肾之前，先有真气团，红色的莲花真气团长成心脏，白色的莲藕真气团长成肾脏。这是内观的元炁造就生命，用易经的阴阳爻表述，真气造化人，如天地行道，乾坤相索，而生三阴三阳。真阳随水下行，如乾索于坤：上曰震，中曰坎，下曰艮。以人比之，以中为度，自上而下，震为肝，坎为肾，艮为膀胱；真阴随气上行，如坤索于乾：下曰巽，中曰离，上曰兑。以人比之，以中为度，自下而上，巽为胆，离为心，兑为肺。形象既备，数足离母。

既生之后，元阳在肾。因元阳而生真气，真气朝心；因真气而生真液，真液还元。上下往复，若无亏损，自可延年；如知时候无差，抽添有度，自可长生，真阴真阳交媾就长寿。法效天机，用阴阳升降之理，使真水真火，合而为一，炼成大药，永镇丹田，浩劫不死，寿齐天地。

3. 谁 来 投 胎？

那位奶奶，只想招来个孙子。而我没想过性别，只注重灵，希望有一个伟大的灵魂来投胎。关于生命的组成，我相信佛教的说法，三缘和合生人。

父精母血只是两缘，还要有一个重要的部分就是灵的参与，灵作为精神体，与父精母血造出的肉体，组合成一个生命。如果没有灵来驻胎，小生命在没出生前就会夭折。当肉体经过生、老、病、死的过程以后，肉体消失，而灵则离开肉体，在宇宙时空中漂泊，以等待下一次投胎的感召，再来做人。每一个生命都不是断命，都经历了多劫的轮回，扮演过多个人生的角色。基于这样的观念，我希望感召一个大能量的灵来做我的孩子，做我的生命的伴侣。

生命的来到，永远是解不开的谜。1985年在九寨沟旅游，那五色海的神水，同一空间，一天之内就有四季变化的非凡景象，真让人彻底迷醉了。我觉得这是天上景象在人间的投影，山水树木，花草鱼虫，都神奇得让你确信它们的非人间性。我在那神奇的山水间游走，步行8个小时，竟然没感觉累，仿佛有一个巨大的气团，带着我在这个神奇的世界里飘，我被无形的气裹着，像是在氢气球里，又像是回到了母亲的子宫，温暖、安全、放松、自然。好像与这神山神水化成了一体，如这里的一株小草，自然到感觉不出自己的存在。虽然是在走，虽然是在动，但这里巨大的宁静，融化了一切，幻化了一切。好像人在梦里，感觉在走动，实际上躺在床上没动一样。而那寂静的山水林木，却在四季的时间坐标的纵向轴上，上下翻飞，一会是夏天，一会是冬天，一会又是秋天。也许这才是动与静的真实面目！生平第一次有的天人合一的体验，让我无比的感激。伟大的灵魂创造的这个无限的温暖、无限的智慧、无限的关爱、无限的能量世界，是我的唯一，我的永恒的母亲、永远的归宿。我找到了家，成为了上天的女儿，我的保护神，永远在我的头顶上方跟随着我。

就在离开的长途汽车上，我心怀无比的眷恋，凝视着那神山，突然，我涌上了一阵恶心。车还没开，就要晕车了吗？月经刚完，不可能是怀孕。当9个月后把孩子生下来，追忆她最初的来到，就是自那一刻始。在九寨沟旅游时怀上的小东西，总是让我感到意外，好像是个90岁的老灵来投的胎。我更相信，九寨沟是高灵出没的地方。

《天地母气》创作于 2006 年，布面油画，200cm×140cm

　　每个人都是衔着一口宇宙之母的元气投胎来到人世。人从娘胎里出来剪断了和母亲之间的脐带，但是毕生剪不断的是和宇宙之母之间无形的元气脐带，一旦剪断了，就是人的死亡。

我总在好奇，她是谁呀？别看她长的有些地方像我，但那些都不重要，她有自己的人生使命，我希望尽早地读懂她的灵是谁，别以为我们是她的父母，就可以做她的老师，指导她的人生，其实，她也许和我们没有什么关系，只是借我们的婚姻把她生出来，借我们的家庭把她养大，她的灵魂自有她的方向。

　　我可以断定，她是个高灵来投胎的！

　　生孩子，我最怕的是妊娠反应，恶心、呕吐。但她只让我在九寨沟那最初的一刻恶心了一下，以后再没恶心过；我怕医生的手和器械，竟然先兆流产，直到生她的时候，医生的手才第一次碰我，以至于我感到羞辱哇地哭了。医生斥责我没检查过吗？我说就是没有；生产的恐惧和痛苦，她也给我免了，在一阵宫缩来临的巨痛中，我用脚蹬住床栏，把痛给压下去了，短短两个小时就开了 10 指。她是太省事的孩子了，我上午还跑广电部、社科院，晚上就去医院生她了。

　　我记得她唯一一次生病，是在我出差期间，发烧 40 度不退，急得家里人给她住了院。10 个月的孩子住院，躺在小病床上啃一块玉米面糕，啃一脸，尿了没人管，什么治疗也没有，说是观察。我一下就急了，抱起孩子就走，所有的人都拦不住我。到了家里，一吃我的奶，一接上我的场，回到她的母体，一下子烧就退了，肺炎也没影了。家里人不得不原谅了我的非理性。

　　到她 11 个月时，她的一对儿下牙，几乎把我的乳头咬破，只好决定断人奶。断奶时孩子的哭闹、生病等，我们事先做了充分的准备，商量了全套的细节，可是，都没用上。一天没给她喂人奶，她竟然像从没吃过人奶一样，完全忘记了，这让我们感叹了很久。

　　3 岁听小提琴协奏曲《梁山伯与祝英台》，到结尾化蝶时，那些抽象的音符，竟然催下了她的小眼泪，我问怎么了，她边哭边说，他们分开了，太可怜了。

　　5 岁多，一天晚上，看到我写的诗，她说什么叫诗呀？让我看看。拿过

我的诗稿，看了一会儿说，诗是这样啊，我也会写。一会就拿来一首，还排比压韵的，一晚上写了 11 首，第二天拿到幼儿园，老师给发表去了。

7 岁学钢琴，她把老师留的作业，小调改成大调，老师说改得很好。

9 岁，她拿过我读的观音《普门品》，妈妈，我给你讲吧，竟然从未看过，给我讲佛经。

10 岁，一个假期就读完了 500 万字的金庸全集，之后写人物分析，老师说她的作文已经是初中水平。平时话不多，说一句话就能砸出一个坑来。迷恋日本摇滚，日本视觉系（先锋派的摇滚歌剧，所有的演员都是男人），光盘收集了许多盒，一句日文也不懂，却听得摇头晃脑的沉醉。

15 岁就开始写长篇小说，到 17 岁，已经写了 15 部长篇小说。布局的奇异，文笔的老辣，好像她是日本本土人，写的都是日本视觉系摇滚歌星之间的纠葛。她不懂日文，凭着对摇滚歌剧的音乐的感觉，想象歌星们的内心与性格，写出的小说。

她对音乐的感受力，令人震惊。小说的故事，布局，结构，要老辣的人才能驾驭。小小年纪，竟然把小说这种令我永远望而却步的文学形式，玩得那样熟练。像托斯托耶夫的风格，写忧郁，写扭曲的精神，起点很高。

我认识的人她看一眼，只两个字，俗，贱。可我不听她的，去交往，碰得头破血流，摔了惨重的跟头，验证了她的两个字，也就是这两个字的行为让我实在无法忍受。当事情还没发生时，她能准确地预言事情的结果，像易经的卦一样准确。这已经具备了大师的水平。

她是谁？可以肯定，她是个老灵。

她是 1986 年的虎，本命卦是坎卦，坎主水，我的本命卦是震卦，震属木，水生木，她的到来，是来帮助我的。我是个幼稚的人，她是实际的妈，我成了女儿。她名字单字爽。我不喜欢忧郁，希望爽朗、愉快。她的名字就是个兑卦，意思是欣喜、快乐。真是感谢上天的恩赐，想要什么，就得了什么。

孩子确实是招来的。

她要学漫画，做动漫的编剧。能写，能画，会电脑制作，虽然她还是个学生，可根本不用为她的职业操心。她具备的能力，是最富有的作家的能量。她的大气，刻苦，智慧，超俗，我更相信，她是伟大世界的高灵转世。她有一张照片，和现在西藏的小班禅一样。别人问我，这孩子这样出色是怎样教育出来的，我说两个字："不管"。

每一个人的灵都是带着前世记忆的，她来这一世的使命就是找到她的真我，该做什么就做什么，该是什么就是什么，一切都是自然的，她生命的密码，是她此生的人生剧本，在她出生的时候，已经安排好了。后来我的一点灵光修成了，投胎时的那个光点历历在目，我总能看到它，这时，我已经开了天眼，有诸多的神通。我看到女儿的灵魂与五台山的文殊菩萨有缘，她为道德经艺术馆做的动漫《灵魂的再生》http://www.tudou.com/programs/view/QuOHCESD5cc/，了解我的人说，女儿比妈妈厉害。在她 3 岁的时候，我遇到一个台湾的法师，说她是大贵命，我这辈子把她带好了就什么都有了。我为了她心灵受了深重的痛苦，到她要去美国留学，她的学费是我努力画画的一个潜在动力。我的画在题材、技巧、市场上都取得了成功，表面上是我帮她留学，实际上她造就了我，她是很省钱的孩子，只用了我很少的钱就自立了。

她在美国，是个思想较深的孩子，实在心情不好才会给我打电话，我让她上网，鼓励一番之后，让她念"道可道，真可道"，念三天再汇报。她当时念的时候的身体反应是血往头上涌，脑海中有闪电，手脚出汗，她哭了，灵魂被触动了。过一会问她，果然郁闷缓解多了，道德的力量，一下子把她的闷气冲散了。她是个灵性很高的孩子，将来会大有作为。

4. 我是谁？

50 知天命，我过了 50 岁，对自己的灵魂有了清晰的了解。人生的经历

是灵魂的信息决定的，灵魂的信息是人生的主线。我在投胎的时候，投错了人家，我的托生较高，在投胎时辰到了的时候，找不到同等身份的人去托生，但是时辰已到，匆匆忙忙就被推下来，来到北京城南一个穷人家，那里有个小女孩要出生了，我就来到京城南闹市口，今天的中央音乐学院附近来投胎。这家人太穷了，已经有一对儿女，准备把我送人。姐姐哭着要留下妹妹，爹娘为我争吵，出生的那个时辰里有震卦，震卦对应肝，我天生的就会肝火旺，事情巧到一起，我娘上了火，我吃她的奶水，也吃进了她的肝火，从那时起，我就一直肝火旺。直到 2005 年肝火旺到烧灼了嗓子，得了严重的咽炎。我经历了人生最后的痛苦，死而后生，两年多的咽炎不治自愈了。我的心彻底想开了，完成了生命的转世轮回，好像换了灵魂，我成了无忧无虑的孩子，从 2007 年后身体没得过任何病。

4 岁在幼儿园里，我的幼儿园在一个大庙里，叫广慧寺。供佛的大殿做教室，夏天非常凉快。院子里有遮天的大树，在户外做游戏也晒不着。我对院子里的大树非常有感应，骄阳似火，大树却能让我感到甘露灌顶的清凉。现在知道，4 岁的时候，玄中师父化成一棵大树，对着树下熟睡的我灌注能量，从此我这个生命就开始有了灵气。灵性，灵和性是一条绳子的两端，我 49 岁绝经，50 岁又月经返还，再次绝经，身体开始返老还童的转变。肌若凝脂，女阴缩小了一半，天目穴骨缝裂开成为一个深坑，结了金丹。我的博客 http://blog.sina.com.cn/u/1262731411，《金丹证悟》，记录了 50 岁这年返老还童的身体变化过程。

我是唱歌长大的，歌声里有一种动人的魅力，那是灵性的光环，音色是金属声，充满感染力，好像是灵在歌唱。那声音一出来，我就立刻可以感觉到，它并不是张开嘴就来的，它也不听大脑的指挥，有时急着找它，它偏不来，不经意间，它又来了。它来了就是来了，不来就是不来，是最自然的，人为拿它没奈何的东西。就在它随机的出现、消失时，我感受到了灵的踪影。陕

《自画像》创作于 2009 年，布面油画，100cm×80cm

本人在这个物质空间的肉身。肉身只是灵魂的房子，灵性元神才是生命的真主人。

北民歌里的《翻身道情》，是我的主打歌。唱遍北京城，工矿企业、部队机关，被喻为小郭兰英。这样，我脱离了一般人的轨道，大脑没有被知识的洗衣机洗刷，保持了大脑的自然本性。几乎很少上课，演出回来，数学老师给我补课，讲完立即考，随手答的卷子就是100分，作文登到学校墙报上，被全校广播。灵性的成长，给了我掌握一切的武器，用感觉对那些复杂的公式、逻辑照单全收，好像一通百通。

33岁遇到一位出版社的编辑，她会看人的灵魂，她说我有两个灵魂，一个6岁的小姑娘，一个18岁的高个小伙子。说我有一个大哥出生后就夭折了，他的灵在我身上，我是罕见的双灵人。问我妈，果然我家的老大是个男孩，5个月流产的。我比别人能干，粗犷和细腻和谐地统一在我身上。画画的时候，常感觉到一个粗鲁的大男人在挥洒，三米大的油画一年招呼200张，别人十年也画不了这么多东西。我刚学会起卦，就有人找我问卦，按时间起卦后，照着卦意直接说，百分百地准。每当收到验证的短信，我就高兴地欢呼"太好玩了"！这时我总能看到一个可爱的小女孩，我的6岁不到的小灵子，她太聪明、太可爱了。于是，我画有了一套自己的元神，有坐在树叶上的，有走在水波上的，还有坐在小鸟车上，坐在云团上，站在天梯上的，很质朴、很得意、很好玩的小姑娘，美术界评论在世界范围内我的小女孩画出了本真、质朴，贪官污吏站在小女孩面前灵魂会被清洗了。他们不知道，我的小女孩是小元神。

36岁时我遇到第二位高人，她说我身后背着两座金山，前世是给皇帝管金库的皇后，这世带来2个亿，一半捐了，一半盖庙了，领着一群人修行。说我有武则天的信息，元神是白牡丹仙，念佛2500年，比庙里的主持水平还高，读佛经会像小学生复习功课一样。但是，上天发现一个弟子，必死至亲之人作为代价，得失在能量世界是丝毫不爽的。我对这些说法本来不当回事，但是，家里要死人，我不得不去会见这位高人。

现在我明白了，六道就在心头，你信什么，心在哪里，境界就在哪里。若能本性如如不动，完全做到没脾气，把世间的人都托起来，使他们成为大智慧的人便是志界，就是佛国的境界；若能心无一物，常乐无忧，便是意界，就是天堂的神仙境界；若是贪得无厌，多忧多虑，就是心界，就是苦海的人的境界；若是争名争利，花天酒地，就是身界，就是地狱的坏人、鬼的境界。我30年为仙佛出书，神话传说、历史传记、武侠小说，总计上千种，仙佛的世界，在我来说就是真实的。我一个人在郊区远离人间烟火，过着清闲的神仙似的生活。

　　我对武则天非常有感悟，画了多张武则天的乾陵，相信几世跟随吕祖。2002年的《生命禅》里，最后一章生命密码，讲述了与吕祖的几世关联。书中的篇章页，都是发现真我、寻找真我、找到真我等，其实，我还不知道真我是什么。也许是1996年第一次读《六祖坛经》，感到头顶清凉，如炎热的夏天被甘露灌了顶，灵魂、内脏都被洗刷了一般。当晚做梦，自己睡在床上，另一个自己和睡着的自己说话。现在知道，梦分两种，一是日有所思，夜有所梦，一是元神的历史信息在这个空间的再现。这个梦属于后者，叫身外有身，是前生修行的成绩水平，身外身就是真我。

　　高人的话应验了，老娘2002马年突然去世，人的后天意识和自然本心元神之间的一层纸，在这个摧毁性的打击下捅破了，我的元神通了，可以看到无形的东西，娘走的时刻，我抬头看天，数九寒冬，突然奇怪的下了十分钟的雨，我说老天都落泪了，好像上天怜悯我。之后我无师自通了风水、易经、油画、道德经。2008年4月陇上奇人张玉仙给我的灵应诗："天道视影画，灵感入位灵。地上图腾位，立点仙人书"。我的天书般的油画，被《吕洞宾丹道全书》、中国老子道学会会长胡浮琛的《丹道法诀十二讲》作为彩色配图，吕祖是神仙祖师，胡教授的书是研究神仙道的，所以是"立点仙人书"，点是点缀，配图就是点缀。我的画被誉为新道学的成就之一，张玉仙老师的

生命的内场传递 CGA 子嗣

预言被证实了。

2009年9月我49岁时，山西芮城国际艺术节，被当地政府邀请去永乐宫做个展。我带了六十多幅大画在吕祖家庙里展出。画展的名字叫《见证真我》，画展刚布置完，一抬头，天上一条云龙。很多人都看到了，并且用相机拍下了这珍贵的镜头。据说，当一个元神诞生的时候，天会有异象。和天的对话，是娘去世时刻忽然来到的雨，这是第二次，我被深深地触动了。展览结束后，我觉得以前对道德理解还不到位，回京就改画，把成道系列的背景统一改为大的太阳光圈一样的图案。李安刚看到这套画说你成了，我也不知道他话的含义。3个月后到了圣诞节，画改好了，开始写《内在小孩解道德经》，一个月写完，一个月出版见书了。顺利的不可思议，我其实不懂道德经，仿佛吕祖坐在面前亲自指导，我不打坐不练功，翻译吕祖解道德经，甚是吃力。但是小灵子很给力，她太聪明了，读一章，翻译一章，一个月下来八十一章完成了。吕祖说的都是天人合一状态的境界，我没有修炼的基础，全凭元神感应，心领神会。也许我准确表达了吕祖的原意，很多人看了书就命门起火，天目放光，这是我意料不到的。我佩服吕祖的慧剑锋利异常，性命双修，他处处都在心性上说，以性带命，不用人为地炼，身体反应自动出来。我佩服的，也正说明我的元神里有明心见性的基础，不然读不懂他老人家在自性本心上说的东西，读懂了才会翻译到位。

书出版后做了多次公益讲座，2010年7月到了兰州、青海的西昆仑山、西安的乾陵。我的元神与西王母有缘，去西昆仑西王母的道场，感应那里的气场。一路上和神仙的交流，部分写在博客的《仙游记》里，还有一部分是不可以说的。在牡丹仙子的神像前，磁场太强，我一下了昏过去，人暂时失去知觉。到了乾陵，在碑前的留影上有很大的灵光团。这里的气息太熟悉，太强烈的信息，肉体暂时受不了，发了高烧。回到北京，我的肉体的返老还

《凌波仙步》创作于 2008 年，布面油画，150cm×100cm

元神轻盈如一口叹息，走在水上，凌波仙步，挎着的小篮子里装的都是天机。

生命的内场传递 CGA 子嗣

童开始了，《内在小孩解道德经》上说的东西，在我身上——出现了。到年底，我试着讲《返老还童》，一年下来有几百人跟着我走在返老还童的路上。2011年4月，我去永乐宫吕祖家庙还愿，抽到的灵签是："初战告捷，得师还朝。"我的元神在永乐宫被吕祖点化，改画、出书、讲课，我感觉都是在为吕祖打工呢，我的东西是从这里来的，有很多人受益了，我推广吕祖的金丹大道取得了初步的成功，所以是初战告捷，得师还朝。回到北京，我的内景出现了五气朝元，这是元神修成的标志。从2009年永乐宫上空的云龙，到2011年我看到的月亮上的五色光华，都是吕祖加持的证明，我和吕祖的缘分真是深不可测。

我是谁？有诸多的信息，元神是先天获得的一点灵光既元性的升华物质，是元精、元气、元性的聚合，是体内魂魄精华的产物，是携带历代几世、数十世先天知识和真知的高级能量物质，是大脑深层、除大脑浅表组织外所有巨大面积、体积脑组织精华的总汇。元神是内心的小孩，她是一个活泼、天真、超越了理性的我们内心的小孩。她至清至纯，朴实无华。她是大智慧的代名词。在后天思维取舍得失心的作用下长成了自我，但失去了内心这个真正的自我。唤醒内心的小孩，这个内我，就像大地，就像四季，就像大自然一样充满了蓬勃的朝气，充满了生命的创造力。元神是不断成长的，不是固定的，是多维度存在的。

元神是个旅行家，人活着一辈子，绝不是简单对前世的回忆和重复，而是一路走一路创造。我们每个人都有无数个人生角色，我看我的元神里有修心性的佛家气息，有修身、修仙的道家气息，有武则天的在世间修行，处世与修道合一的气息，作家、画家、音乐家等，但是他们是历史上的我，在这一世几个角色融合创新，让我成为一个以画传天人合一之道的人，我的元神是个与道同行的旅行家。

5. 求子习俗

在民间，流行着各式各样的求子巫术。人们更相信孩子是招来的，他们用一切手段，去感召一个新生命的到来。

民间艺术中，为了感召生殖的力量，人们把石榴，抽象成图案，作为门的铜饰，钉在院门上，各占一半，用铁钉象征石榴子，寓意是榴开百子，以此，感召新生命进入家门。莲花，由于其从莲藕到莲子，都蓄藏生意，所以有各类莲生娃娃的艺术品。麒麟送子，摸瓜送子，拴娃娃等习俗，几乎成了众多家庭的头等大事。

在河南淮阳的人祖庙会上，有上百万的婆婆到伏羲、女娲庙求子。河南淮阳人祖陵显仁殿的台基石东北角有一圆洞，称"子孙窑"，不育妇女去拜人祖庙时，必须用手掏一下"子孙窑"，认为这样会生儿育女。拴娃娃则是把裸体的塑料娃娃放到小竹篮里，娃娃的脖子上系着约十五公分长的红毛线，拴的时候是极其神秘的。卖娃娃妇女同时承担了主持仪式的角色，她与拴娃娃的妇女两个悄声地嘀嘀咕咕。卖者在娃娃脖子上套上长命锁，举到女娲观前叩咕一通。然后，拴者接过娃娃也举着叩咕一通，接着跪下三叩头。卖者问给娃起个啥名字？拴者说叫锁柱吧。这是"锁住"的谐音。拴者轻声唤着娃娃的名字，一路唤到回家。娃娃带回家要像真孩子一样，用布包上，搂着他睡觉，每天都看着他，就可以生一个与他一样漂亮的孩子。

为了求子，人们对女阴给予了极大的崇拜。婆婆们在庙会上跳担花篮舞，花是女阴的象征，在她们的心理，把女阴放在花篮里，作为狂欢的圣物。女娲观前、伏羲陵后的菁草园、统天殿前的月台上，凡是稍有点空隙的地方，就有老婆婆们拉起场子跳担花篮舞。舞者身着黑衣、黑裤、黑布鞋、头上裹着一条约一公尺半的黑包头。衣领、袖口、衣襟、裤脚都镶着花边。鞋面扎着红线团，胸前戴着红布条。她们四人一组，一人打竹板，三人担花篮。开

生命的内场传递 子嗣 CGA

始时，由一人在前，将三副花篮合在一起，双手举过头顶，双膝下跪，其余人跟着下跪、唱经。"剪子股"、"铁锁链"、"蛇蜕皮"都是走"8"字，走十字，象征阴阳交合。经文的唱词也是含蓄的男女交合之事。而人祖庙会上的泥玩具泥哨，大都是猴子、狗的造型，动物身上直观地画的是女阴。女阴成为生殖力的象征。

云南剑川石宝山有一个"阿央白"，彝族认为"阿央"为女祖先，"白"为生殖器，"阿央白"为女祖先生殖器之意，不育妇女必向"阿央白"磕头，以铜钱在"阿央白"上画一下，认为这样能生儿育女。

求子习俗花样繁多，但万变不离其宗，那就是人们相信，孩子是招来的，诚恳的行为显示着诚恳的信念。在伏羲、女娲庙，又称为人祖庙，人们认为这里的场十分灵验，因为这里是八卦的诞生地。占地约六千公顷，分外城、内城、紫禁城的伏羲庙与陵墓，吸引着方圆几百公里，西至京汉公路，东至安徽，北至山东，南到湖广的善男信女、游客商贾、三教九流、官宦百姓，云集至此，朝祖进香。其中多数都拿着花篮、子孙杆子来还愿的。生了女孩的还愿品是花篮，生了男孩的用杆子还愿。从那如山如海的还愿品，就可以看出，还愿的比求子的多，这里的场确实灵验。集体意识的能量，在这里造成的能量场因诚恳而格外强。

人祖庙建筑的名称：太始、太极、两仪、四象、八卦、先天、五行等都是《易经》的结构元素。把创立先天八卦的伏羲庙作为求子场所，说明人们把《易经》和新生命的诞生联系在一起，《易经》不仅是中华文化之母，在它的羽翼下派生了中医、风水、星象、历法等，也是人们的生活指南。《易经》包罗广大，经纬万端。上自宇宙之始，自然造化之纪，下迄物品之繁，庶务之众，曼衍恢宏，无所不赅。而《易经》的核心阴阳之气，确实是生命之母，把《易经》的创立者尊为人祖，赐予生命的天神，也是十分合理的。

为了求子，人们对送子娘娘，更是格外崇敬。送子娘娘、送子观音、西王母、

女娲等成了中华民族的母亲。女娲是用黄土造人，土就是《易经》中的坤卦，坤为地，为母，为包容等。西王母住在昆仑山，昆仑山在中国的西北，西北是乾卦，对应的是人体的头部，有帝王、领导的含义。西王母是众女仙之首，民间把西王母奉为送子娘娘，寄托着人们希望生个仙子的美好愿望。

一点灵光囚禁在我们的肉体里，它只会帮助我们感觉一般的事情。当它修出体外，盘旋在你的头顶，你平时是个无心人，但是任何你想知道的东西，一念就可以知道的一清二楚，一念就可以自由和三界沟通，请个灵童来投胎。我身边就有活脱脱的送子观音。

6. 诚恳的力量

求子的诚恳，还需要选择适当的时间，要严格按照计划行事。比如，在2004年到2023年这20年间，走的是八白土小运，2008年不要生男孩，因为，2008年的男孩属鼠，是坎卦，在五行是水。土克水，20年的小运克制了属鼠的运气，对其青少年时期非常不利。

求子，除了考虑大运小运的生克关系外，还要考虑父母和孩子之间五行的生克关系，笔者的母亲是震卦属木，我也是震卦属木，我和母亲非常好，而父亲是1932年的猴，坤卦属土，木克土，我和母亲都和父亲关系不好。我只是理性地孝顺他，在心理的亲情，无法和母亲比。我认识的一个朋友，父母总和孩子吵，几乎一说话就吵，一看，父母都是1961年的牛，男女同卦，都是震卦属木，而孩子是坤卦，属土，木克土。木气对应的是春天，是动，是勤奋、创造，而坤土，又叫二黑土，是个病符星，对应在秋季，阳气开始衰弱，趋于静，能量弱了就收敛，吝啬，这是人在出生时带来的自然天体的信息。怨不得人自己，是老天塑造的。

当我们了解了天体对人一生的影响后，我们改变不了天，但是，我们可以选择。我们不再糊里糊涂地和相克的人结婚，和相克的孩子共同生活，过

生命的内场传递 CGA 子嗣

着天然就会冲突的痛苦生活，我们求子的时候，把年份，五行生克关系都研究清楚，再动想要孩子的念头。这样，可以大大提高生活的幸福度。当然，不是相克就一定生活不幸福，那要看具体搭配，有的刚好可以以克为生，有的修养高的，可以超越相克关系，相安无事。但，我们毕竟都是普通人，普通人简单点好，事先都计划好了，避免了天然的麻烦，事情就会简单。

万物皆能量。一座山，一棵树，一个念头，一个思想，一切有形、无形之物，都像无线电发报机一样，向外发射能量。你产生的一个念头，就是在散发能量。从你的生命中心向宇宙发射。这能量，也就是你，以波的方式向外运动。能量离开你，透过墙壁，越过山颠，掠过月球，进入永恒。

你的每一个意念都为你的能量着色，你说的每一句话都塑造了这能量，你做的每件事都影响了这能量。你所释放出的能量之振幅、速度、波长和频率，都随时随你的意念、情绪、情感、语言和行为而变化。

而众多的人的能量交织在一起，形成交织的网络，例如这个地方的规矩，那个地区的习俗等，大家在其中生息，它能量巨大，影响巨大。别人的振幅进来冲击你，你又创造新的振幅散发出去，加入并改变了那个交织的网络，因而，你改变了别人的能量场，这又冲击他们送出的振幅，后者又冲击那个网络。如此，永无止境。就这样，整个世界都随时在交换能量。当能量聚集的多了以后，就以物质的形态呈现出来。

明白了宇宙能量场的奥秘，你就会懂得，你真心要的东西，就是向宇宙发出的声明，你的意识的能量立刻发散出去，走在凝结成物质的旅途上。但你如果不真心，不诚恳，三心二意，你的心灵是明白的，你等于给你的心灵一个信号，表示你现在并不想拥有。宇宙不过是个大的复制机，将你的意识复制成具体形式。所以，你想要的东西，由于你的三心二意，你却正在将它推开，让它远离你。你的诚恳之心才能吸引你要的东西的能量。

人祖庙会上那上百万的进香队伍，烧香论筐，不惜让烟薰得头晕眼花，得子后还愿，履行虔诚的诺言，那个在黄帝陵求子成功的奶奶，不惜拿出工资的一半撞钟，还有我的孩子，我从来认为作家描绘的理想世界才是人类的归宿，才是我的精神生活的真实世界，把人生文学化，是个活在现实里的文学人物。为此，吃尽苦头，但痴心不改，诚恳之心，无比的坚定。诚恳的能量，汇聚成物质形式，得到了肉体的孩子。

《见素抱朴》创作于 2007 年，布面油画，150×100cm

自然本朴，真诚简单，元神就会显现。

生命的内场传递 CGA 子嗣

《生命之树》创作于 2008 年，布面油画，150cm×100cm

　　人体是个大自然的完美杰作，人的自然体系就是人的先天系统，其主宰是自然本心元神，意识心只能控制人体不到 10% 的随意肌。人有两个心：无念的自然之心和动念的意识心，两个心主次分明、协同运作，人就会健康，自然本心是成就金丹的钥匙，见到本心金丹片刻可得。

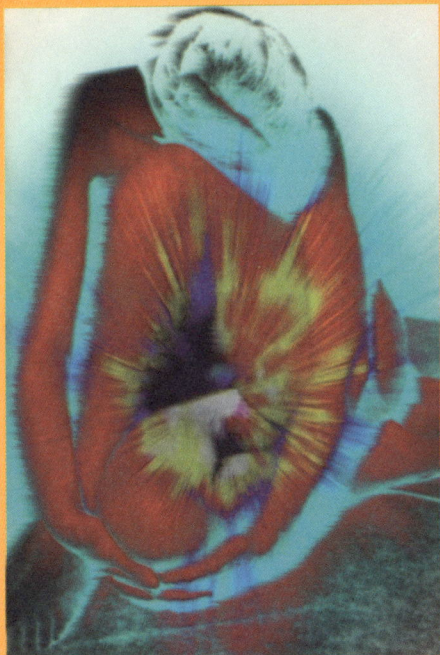

宇宙是由无形的能量和信息从混沌无序的状态，逐步有序化、复杂化而生成基本粒子，生成无机物、有机物、生物、人等有形物。人是由父精母卵生成合子，合子依据生物进化的模式，逐步发展演化而来的。如不加以控制，人就会按合子中所带信息，自然完成其程序，走过生、长、老、死的全部过程。如能利用其中的修复和返还机制，就可以返老还童。

6. 生命的卓越性能
——长生

成功、完成、胜利、结束、大局已定、确定、安定、保持稳定、中和平衡。

形势很好、中和状态才能稳定，需要稳定、统一相济之时、防备不稳定因素的产生、居安思危等意。

颜色由63％的黑与36％的红色合成。

即济卦

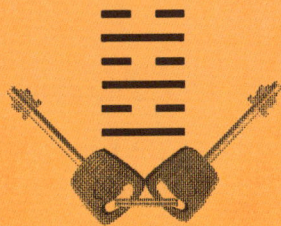

《身外有身》创作于 2009 年，布面油画，150×100cm

身外身就是人体的法身，是虚态空间人的先天形体。先天世界叫无色界；后天世界是实体世界，在人体为色身，叫色界。神仙、真人，就是能出入色界和无色界的人，就是能掌握虚无世界这个伟大宝库的钥匙的人，也就是体道合真的人。

美国科学家海弗利克提出，人体细胞的分裂极限是50次，分裂的周期是2.4年，两者相乘，人的寿命本来是可以达到120岁的。如何活到这个一般人很难达到的天年呢？《易经》的水火既济卦，揭示了长生的奥秘。水在上，火在下，上坎下离，水因火不寒，火因水不燥。水火以克为生，相交为用，阴阳和合，百务就理，无有不亨。

《易经》的易，上边是日，下边是月，易就是日月运动之象，日月的运动是周流往复的，因此，天地才生生不息。人要长生，就要效法日月的运动。日是火，月是水。人身以血气为水，以心神为火。把心火降下来，把气血升上去，人的身体就处于和谐健康的状态，保持长久，人就长寿。

从《易经》的卦位上看，后天八卦的离卦方位在正南，坎卦方位在正北，先天八卦的乾卦方位在正南，坤卦方位在正北。水火既济的过程，水上升，火下降，刚好是后天返先天的抽坎填离，即把坎中间的阳爻，调动向上，填到离卦的中心，把离卦中心的阴爻调动向下，离卦就变成了乾卦，坎卦就变成了坤卦。人心静的时候是自然本心的纯阳乾卦，一动念头，就变成了夹杂阴性的离卦。后天返先天，肾水坎卦中间的一个阳爻飞升而上，把离卦中间的阴爻置换下来，后天意识心的离卦，变成先天自然本心的纯阳乾卦，人的身体上，腹部发热，命门起火，元精发动，元精化元气，元气化元神，元神就是自然本心，就是个纯阳的乾卦。元神是大脑的精华组织，人老是脑垂体决定的，倘若元气养育了大脑，荷尔蒙、脊髓液这些青春的物质指标不减少，人就不会老。

道家是利用性腺，使身体细胞和组织恢复活力，使身体脱胎换骨获得重生，用人的自然本心与性能量的合一，将肉体与精神化合，彻底地回归自然，获得天寿。而在极度的顺其自然中，以反自然的手法，以克为生，达到长生的目的。道家历史上把长寿的人叫仙，仙是人＋山，人在山里，就是与自然合一的人。

1. 衰老和死亡的真相

为什么人与自然合一就可以长寿？前面讲过，宇宙之母的大元气是我们每个生命之根，我们都是一口小元气，都是自然之子。我们的一生都在消耗这口先天的元气，而我们不会自产元气，六根的眼耳鼻舌身意、喜怒哀乐欲、五脏六腑、三魂七魄等，人体整个的运转，都需要元气作为动力，像一个汽车跑起来需要汽油一样。元气的收支严重的不平衡，真是"肉少狼多"。看看人体一生的"原油"储备少的是多么可怜，一生才一斤多，存在我们的脊椎下端的骶骨里。元炁的生长和消耗，每32个月生64铢元炁，1岁到2岁8个月生一阳，为雷地复卦。16岁生6阳乾卦，天地正气360铢，加上祖炁

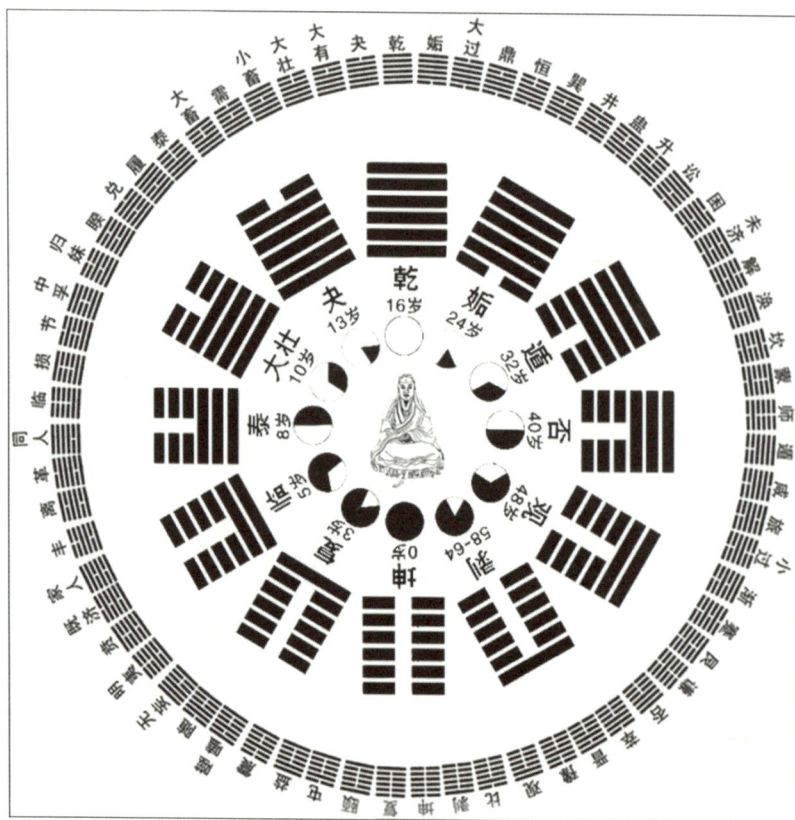

带来的 24 铢，一共 384 铢，一斤的数。16 岁起 96 个月生一阴，耗 64 铢，姤卦，到 48 岁生四阴，肾气渐竭，发须苍白，56 岁生五阴，肝气渐衰，眼昏多忘，筋痿疲倦。到 64 岁坤卦，发白气短，容槁形枯。这就是普通人一生元气的盛衰路线，元气的消耗决定人的衰老、疾病、死亡。

人体三宝精气神，精是原油储备，有精才能产气，有气才能养育好神，神离开肉体是死，精气神内在的关系是紧密一体的。人睡觉的时候，做梦在另一个空间，也是神离开肉体。这时为什么人不死，人的神像一个放在空中的气球，人的精气像是拴住气球的绳子，精气还在，醒了的时候，神回到肉体，放飞的气球又被拉回来。病人早晨死亡率高的原因，是病人长时间的睡觉，其实是长时间的神离开肉体。当神回来的时候，她是有知觉的，又要受痛苦，她嫌病体腐烂发臭，不愿意再进去。病重的人精气已经枯竭，放风筝的线已经断了，不能再把风筝收回，就是一般人的死亡。从元炁在人体的运作轨迹，就会明白人体死亡不是立刻发生的，是一个缓慢的过程。用易经的卦象来表示人体走向死亡的过程：乾卦表示人进入生命状态的开始，每年一卦，64 卦需要 64 年，坤代表生命状态的结束。元气从乾卦开始进入，表示人的元神饱满，每 8 年下降一层元神的高度，这是常人的状态。当 64 年以后元神信号消逝，人只有阴性的信息在起支撑。元神的运动在跨越每 8 年一个阶梯时，就是身体受到影响和致病以及外来灾害的定数之时。这就是人的气运，也就是人生存的运气。元神在坤地——会阴下出口，给被动地甩出来，就是常人之死。

2. 衰老的根本原因

人体的先天决定后天，先天的精气神充足，决定后天的精气神的强旺。先天的精气即元精元气，古人叫命，先天的神即元神，古人叫性。性命就是先天的生命。性命合就增长元气，性命分就消耗元气。识神主宰着眼、耳、鼻、舌、身、意六根，他们一动就消耗内能元气，喜怒哀乐欲和六根都被骂成贼，

喜则气缓，怒则气上，哀则气消，乐则气乱，欲则气丧。人体的五脏六腑是个大自然的天道系统，人为的没有节制的情志，就会破坏人体的天道。六根是向外的窗口，是丧失内能的贼户。

人的一生，只有在娘胎里那二百天，人从两个细胞长成全体的人，这是

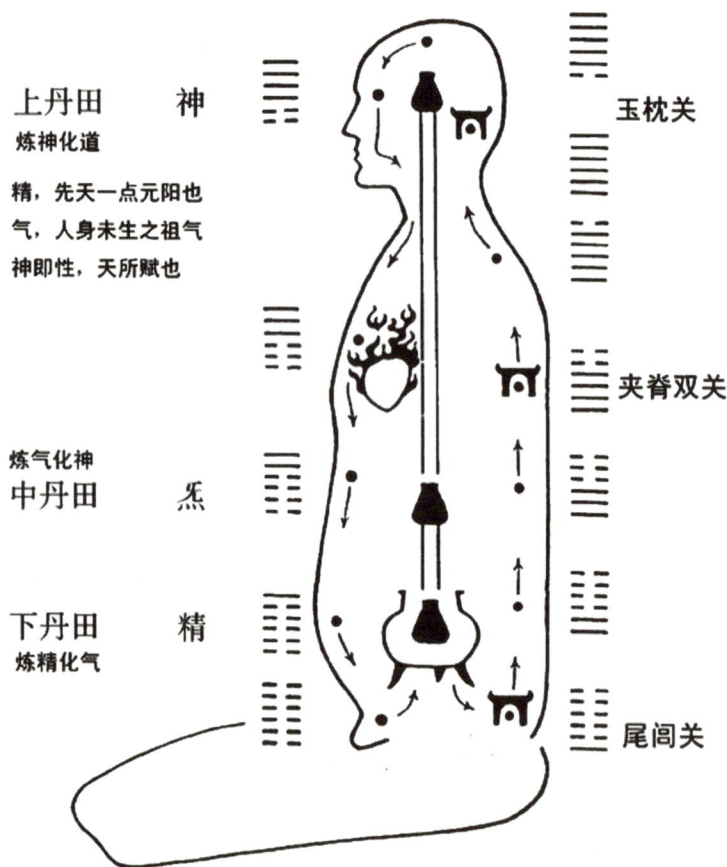

人一生中生长力最强的阶段，因为人的先天的元神和肉体完美地配合，绝不有半点人为的干涉。到出生以后，16 岁前的生长力，较之以后强很多，但是不能和娘胎里相比，在娘胎是自然本能之心主宰，到出生以后，随着后天意

识心的成长，自然本心在逐渐地被迫退位，性是元神，命是元精元气。性命失恋，阻碍入静，阻碍阳气发动，调动邪气，耗散气血的是与客观不符的"私"。一个自私的心理活动自外而内的运动，性随着向内深藏，因此减弱了性对命的相恋作用，命得不到性的相恋，任内气外散。阴我心丧失命能，阳我心保持性命的相恋。为他人是自内而外趋向的心理状态，符合了性的先天状态，使性向外支持命去做应该做的事情，同时又在恋命，命炁受到性的引恋，避免了向外散失。性是阴，命是阳，人的一生是性命关系变化的过程，在胎婴时期，阴阳浑化，幼年时期阴阳小偏，少年时期是阴阳中偏，青年时期是阴阳大偏，壮年时期是阴阳分，老年时期是阴阳离，死亡是阴阳散。从普通人的人生路线看，性命在人生路线中从混一到偏、分、离、散。

3. 返老还童的操作

16岁人体的精气神是个纯阳乾卦，64岁是个坤卦，一口先天元气也没有了，唐代成熟了的金丹大道，利用丹药还元法，功勤德厚者，百日丹苗可现。神气合一待一阳初动，阴极阳生坤卦变成复卦，到二阳生的临卦会百病消，到泰卦三阳生万窍同春，步履轻快，耳聪目明。到大壮卦四阳生身体如巨富，无处不金玉，肌肤光润，发白返黑。到夬卦五阳生，精神百倍，齿落重生。到乾卦六阳生，夺天地日月精华，周身如童子纯阳之体，真阳之炁与真性合一生出慧光。

人体是个太极，前面是阴降的任脉，后面是阳生的督脉，中间的太极玄线是中脉。任脉、督脉也叫人道小周天，通的是后天之气。中脉叫仙道，通的是先天元气。返老还童的操作分有为法的气走人道和无为法的炁走仙道。丹经上记载的大都是可以操作的，无为法的炁走仙道都是口传心授的。

男人做小周天，守肾、固精、炼气，从夹脊溯上泥丸，叫还元；女人守

《坤腹生莲》创作于 2007 年，布面油画，200cm×150cm

　　无念进入先天混沌状态，身心一体。神气内聚之后，丹士腹中会自然出现莲花。红象征真阳，绿代表生机，红色的腹腔中盛开一朵粉红的莲花，正是丹道祖师紫阳真人说的"火里栽莲"的内景。

心养神，炼火不动，以两乳气下肾，夹肾上行，亦到泥丸，叫化真。道家典籍《云笈七签》指出了返老还童的长生术之精髓，小周天是最普遍的提升和转化能量的手段。

先缓慢而深沉的吸气，闭气。再提肛，头微前倾。感到能量从会阴开始，沿着脊椎向上运行，到达每一个腺体时都绕它旋转。当能量达到并绕松果腺旋转时，停顿一会儿；接着感觉能量沿身体正面向下运行，直到脐下四指宽处。呼气。再次缓作深吸气，闭气。重复以上运动，次数随意。小周天初始态是心神顿悟，体会肾精。时间在呼吸之交，地点在丹田，生丹的感觉如温热，微醉，略有性感，目中生光。

在这种"真丹"的锻炼过程中，能量从较低级的水平嬗变或提升到更高级的水平。体能水准沿性腺、肾上腺、胰腺、胸腺、甲状腺、脑垂体、和松果腺逐渐上升，直到七个腺体都以他们的最佳状态运转。通过这样的过程，感到能量沿着七个腺体相继上升，首先进入性腺，做螺旋运动，接着上升，以同样的螺旋运动（像车轮般地旋转）方式穿过其余的六个腺体，每一个腺体内的轮转都能起到为该腺体灌注能量的作用，同时也把能量转化到更高的序列，以利下一个腺体的吸收。这样，每一个腺体都起到了体能的转化器和发生器的作用。小周天运动打通了练功者的慧眼，将其提到"神"的境界，成为一个智慧而长寿的人，一个洞悉宇宙奥秘，顺应并效法自然规律而生活的人。

人在获得阳气时，以大自然阳气的升降规律为依据，人只有顺从自然，向大自然老师学习。道学"丹经之王"的《周易参同契》中，将"十二消息卦"与每辰、每日、每月、每年的十二"辰"（十二"地支"）以及每个修炼阶段相联系。

把不同的修炼过程中的气血运行及其变化的盛衰，分成了十二种状态。

复	临	泰	大壮	夬	乾	姤	遁	否	观	剥	坤

使修炼的人了解、知道和掌握修炼中不同阶段时期的状态和"火候"等。比如，每天由子时到巳时的上半天是引气以"升"为主；而午至亥时下半天是引气以"降"为主。全年的修炼中，子月到巳月也是引气以"升"为主；午月至亥月也是引气以"降"为主。每个时辰也分成十二等份，上半个时辰引气以"升"为主；下半个时辰引气以"降"为主。由于道家修炼以长生（生命活力增强）为主，因此，"升"以充满活力的"阳"数"九"的倍数为组，"降"以"阴"数"六"的倍数为组。这是说，任何一个与天体周期有关的单位的时间段中，其前半段时间以修炼"阳"气为主，后半段时间以修炼"阴"气为主。"阳"气轻清，以"升"为主；"阴"气重浊以"降"为主。

天人合一不是空话，而是一点一滴，一分一秒，实实在在做的。虽然小周天运动，打通了气脉，会使人出现一些奇异的状态，但是，《周易参同契》的作者魏伯阳苦口婆心地说，其实真的东西就是一句话，就是简单到让人不信。

4. 保护能量的回春术

尽管入静、断念是保护能量的有效方法，道家还是把用意念对性腺系统的控制作为返老还童的最重要的手段。男子惜精，女子惜血。对于射精，道家认为：一动不泻则气力强；再动不泻，耳目聪明；三动不泻，众病消亡；四动不泻，五神咸安；五动不泻，血脉充长；六动不泻，腰背坚强；七动不泻，尻股益力；八动不泻，身体生光；九动不泻，寿命未央；十动不泻，通于神明。行将射精时，按住海底穴，让精液回流到前列腺去，这就是内射。这些回流到前列腺的精液，会被微循环吸收到血液里。由性腺→肾上腺→胰腺→胸腺→甲状腺→脑垂体→松果腺往上传递，从而增加其他几个腺体和全身的能量水准。被身体利用的精液能滋润皮肤，润滑关节，保护神经，预防神经病变。海底穴在针灸学中被称为"任脉一号"，这个穴位是"能量的门户"，我们

体内的能量就是通过这个穴位不断遗漏到周围环境中去。盘腿而坐，用一只脚的后跟顶住任脉一号，可以阻塞能量遗漏的路径。（舌尖是另一个这样的能量流失路径，让舌尖顶住上颚，也可以达到防止能量流失的目的。）

女人的月经失血是衰老的重要原因。女子性器系统由四个内在联系的部分组成：阴道、子宫、卵巢和乳房。它们的内在联系可以从怀孕、生产和哺乳的过程中看出。在这几个时期内，女性都停止行经，平时在月经中流失的血液被用来养育婴儿。婴儿出生后，血则转化为哺乳的奶汁。只有在停止哺乳后，月经才会重新出现。按摩乳房的雌鹿功可以中断月经，原因和哺乳中断月经一样。在做雌鹿功时，身体的反应正像婴儿吮吸乳头时一样，身体将血液集中到乳房而不是子宫中去。此方法被称为回血术，因为它激活了整个身体，尤其是性器官。在雌鹿功开始生效后，生理老化的过程就会被延迟。如果二十多岁练成功，就可以在相当长的时间里保持这个生理年龄，所以雌鹿功开始得越早越好，越早就可以越有效地阻止疾病和衰老。女人的衰老在卵子的丢失，每个月的流失，是一把岁月的利剑。而女人在哺乳期是没有月经，没有卵子的丢失的。子宫好像一个碗，血液一滴一滴掉进碗里，满一个月卵子不受精就变成月经流失。哺乳时，那一滴一滴的血往上走，变成奶水。而揉乳，运动乳房，令乳房充血发热，相当于孩子吃奶对乳房的作用，血不往下滴，成功的揉乳房，可以停掉月经，天然地避孕。

凝神两乳中间的膻中穴，入静到你生命的深处，你自己的中心，那是每一刻都是新的不可重复的原创的世界，永远都是新，一个接一个的新，而没有老。理性的、可以重复的、僵化的模式，置身其中，心才会老。而你的永远新鲜的中心，是超越时间性的，时间在你的中心是个假象，回到生命的中心，守在自己生命的中心，青春就会留在你的脸上，肉体上。

在正常的情况下，人体的机能是天生的、自律的，是不受心神控制的。但是，人可以调整那些自律性较低的机体活动，比如控制射精，比如调整呼

生命的卓越性能 长生 CGA

133

吸，以此作为强身健体、防老抗衰的养生之道。深缓地呼吸，感觉能量沿脊椎上升到头部和乳房。深吸一口气，将气停在下丹田。下丹田不在脐下一寸，而是脐后一寸。当气停到停不住时，放掉它，让它通过阴部环绕脊椎、头顶、乳房，再到下丹田，放、吸、回环同时瞬间完成。做到身心合一是和谐有力地发挥生命能量的先决条件。把能量带到大脑松果腺是提高人的精神水平的必由之路。为了测试阴道收缩的程度和力度，可以放一根手指到阴道里，以感触所受到的压力。阴唇很敏感，当气经过时，有如同性爱一样的电流与快感，最好用脚后跟顶住阴部，以免性快感干扰你的入静。

练功会刺激雌性荷尔蒙激素的产生，并把这些激素扩散到阴道、子宫和卵巢。雌性激素水平的提高会大大缓解绝经期的症状，使女性恢复青春。另外一个好处是这种雌激素的增长是自然形成的，因此身体会自然调节体内雌性激素与其他物质间的平衡。事实上，雌性激素自然增长非常重要，因为只有身体知道在什么时候、需要多大量的雌性激素。医生在给病人服用人造雌性激素时，不知道血流中所需荷尔蒙的确切水准，因为血液中的荷尔蒙水平每个小时都在变化。而且，人造雌性激素终究会因用量过大或过小而产生负作用或不起作用。人体是释放雌性激素总量的最佳裁判，因为敏感的传感器每时每刻都很警觉。

5. 性腺是恢复青春的原动力

道家把人的性腺称为"鼎"。"鼎"是"火"或性能量产生的地方。如果没有炉鼎，火的能量就不能利用起来，而人体的许多生理功能都仰赖于性能量。另一个古代炼丹术用语是"水"。水是指肾、膀胱、肾上腺、淋巴系统和性器等所有器官和腺体的分泌物。也指产生分泌物的器官和腺体。道学经典认为人应由水和精神（知识、思想等）生成。

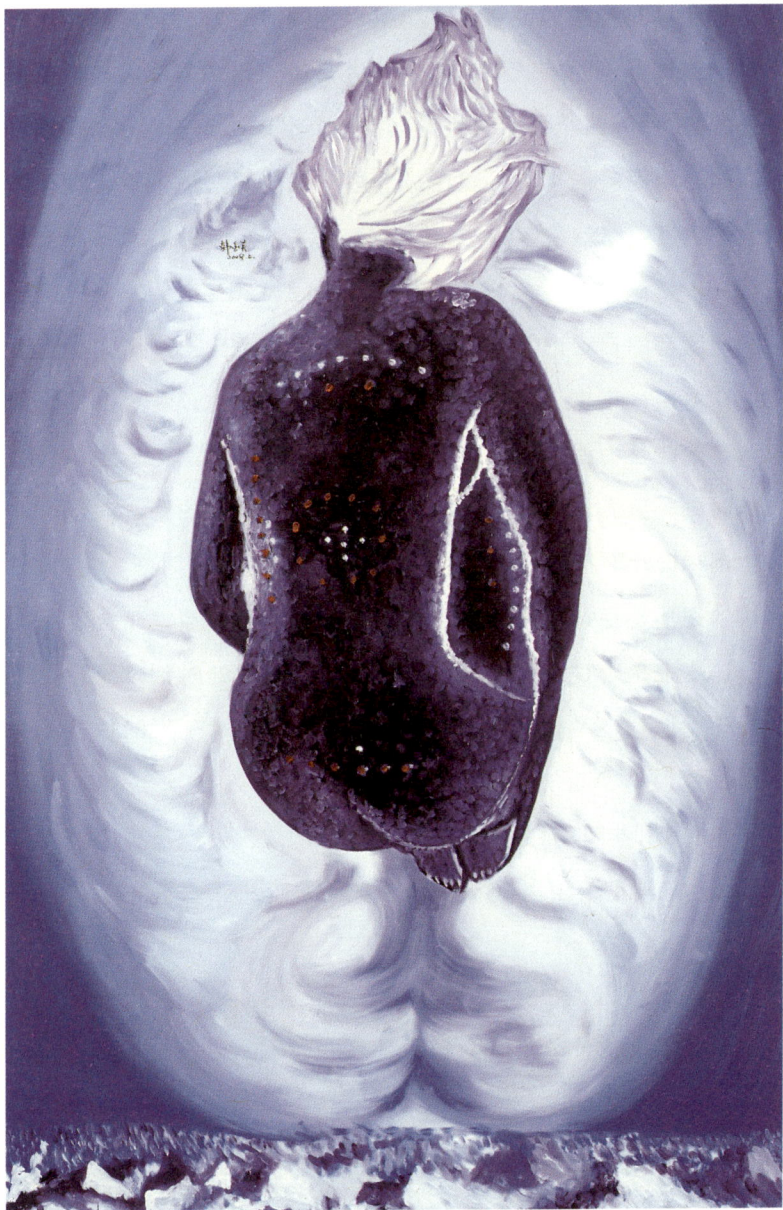

《脱胎换骨》创作于 2007 年，布面油画，180cm×110cm

　　白发、蓝紫色脱胎换骨中的肉身，如白昼般强烈至极的能量团，完全符合最后阶段的所见。人体回归宇宙大元气，老化的细胞被替换，骨骼闪烁金光，像在母腹中重新生长一样。

135

性腺具有神圣的创造能力和组织生命的能力，是恢复青春的原动力。精液像血液一样，除了营养外，还有生命的遗传信息 DNA，精液外泄，流失的是生命的能量。每个生命的能量都有一个量数，流一点人就老一点，直至老死。人体的七个免疫腺体，性腺在最下边，是炉子，炉火不旺，水烧不开，上边的六个免疫腺体就会变坏，身体就会有病、衰老。

一次美满的性爱，好像是欢快的双人舞，女人要完全把自己交出去，忘记一切固有的自己的关于性的概念，男人也把自己交出去，交给纯粹的雄性力量，主宰，指挥，统治，激越与舒缓，自如地过渡，推进。女人把自己交给纯粹的雌性力量，完全自然地随顺，追随，温柔，响应，那所有被电击的心醉时刻，男人像笔，女人像被男人的气挥洒出的画，或者男人像手指，女人像钢琴键，敲打出最纯粹的生命的乐章。在这个时刻，在最自然的状态里，两极的矛盾是那样高度地从各自的极端，走到中点，化合为一。被统治，被驱使，本来是个性最受压抑，最要反抗、不快的时刻，而现在却融化成最大的快乐、愿意、享受。这就是"一"的境界，"一"的快乐，生命最本质的快乐。

用《周易参同契》的话说，契就是契合，坎离交媾是契合，日月合璧是契合。玄武龟蛇，刚柔相结，男女相须，夫妻交媾，推情合性，阴阳卷舒，魂魄相拘，两弦合精，呼吸含育，伫息夫妇，阳禀阴受，阳阴饮食，龙呼虎吸，火销金伐，刑德并会，子南午北，无一不是契合。契合之言，不胜枚举。雄不独处，雌不孤居。孤阴不生，独阳不长，唯有雌雄相须，才能应度育种，产丹生子，化育鄞鄂婴儿。

在这一刻，你是不能单独进入的，必须和你的伴侣共同进入。而走入之后共同体验的感受是化合的，分不清界限，你就是她，她就是你，物质肉体的空间被突破了。美满的性爱是人们拨响的生命的琴弦，无论疾风暴雨，高山流水，乐章之间，随意切换，必要的休止符，气息似断却整体上浑然连贯。

内在生命的弦与忘我的呓语响应，这是真正的生命的最优雅、最圣洁的和弦，最纯粹的干净的生命，一个刚出生的活泼泼的自然儿。男人操纵着他的另一半的全部，身、心、灵在极度融合的状态下，她的全部。让她感到命之所系，两个生命的永恒的附着。

一个 A，一个 B，化出了 AB，这是人的生命的升华。《周易参同契》叫结丹，丹道以克为生，水本灭火，但现在要用心火去认识肾水、控制肾水，是逆用五行。丹道强调五行归元，元为土，土在五志为意。意者忆也。将心火认识肾水的成功的经验储存下来，记忆下来，就是归元。身鼎炉，状似垣阙蓬壶。背后三关，闭而不通。气至关下，踟蹰不前。意定丹田，用心体会，斩除杂念。采取多种渠道，使神若出便收回。心无为则气和，故可以无思。心有为则气乱，故难以愁劳。垂帘丹，自可见神气满室，但不能随意将它留住。若能凝神，则气存，一旦走神，则气去。一刻也不敢怠慢，使神与气时时相应，彼动我动，彼静我静，彼止我止，彼生我生，勿忘勿助，绵绵若存。

如此，便可以"颜色悦泽好，发白皆变黑，齿落生旧所，老翁复丁壮，老妪成姹女"，人们从中可以体验男女相爱的最恢弘的奥意。对于追求生命之真的人来说，它就是一切。无边的幸福，自然的忠诚，最欢快、最强烈的生命的行为艺术，一切都以它为轴心展开，生活，爱，创作，家庭，子女一切都缘自它，它是人的上帝，人们的神。人们喜欢无比的音乐、雕塑、舞蹈、生命力、灵力、贵族气，整体以化合的方式呈现给配偶，使人的做爱成了与神合一的时刻，人自身的神性，在不可思议地发出美妙的圣光。

6. 能量决定人的寿命

水火既济卦的抽坎填离，水在时间上对应子时，火对应的是午时，又称子午存想，也叫做畅游世界的存想，这是一种疗效显著的调节艺术，被用于

调节体内的能量水准。通过存想体内能量的路径经络，人可以感到能量沿经络流动，从而调节体内能量的平衡，使躯体、智力体和精神体得到全面地整合，全身心都感到心旷神怡，精神勃发。如再配合胎息，人们可以从分布于全身的经络系统上的穴位吸收能量。

苏联人克利莲发明的克利莲照相技术，给能量流失提供了证明。该照相技术采用高压电设备，拍摄到了能量从体内散射出来的图像。它使人们用肉眼也能看见人体是怎样失去能量的，照片上的能量就像彩色的火苗一样从指尖射出。人们还可以看到当能量水平发生变化时，"火苗"的光亮度和高度就随之改变。譬如，当一个人触摸到一个能量水平相对低的物体时，"火苗"的亮度和高度就随之降低和减弱。这证明了生物能受物理规律的支配：能量从高的区流向低的区。因此当您与一个比您的能量水准低的人接触时，您的能量就会流失。

任何一种能量流失，如生病等，都会导致衰老。如果缺少能量，细胞和组织就会停止再生，变得枯萎，甚至死亡。为了阻止能量流失，人体电池必须经常充电。正常的话，人体电池在睡眠中就自动充电了。睡眠可以使人的子午线出入口放松，宇宙能量才可以通过穴位注入体内，流遍全身经络，深入到每个细胞。然而如果睡眠不好，这个自然充电的过程就会受到阻碍，人体能量就不能得到正常补充或恢复。

性活动常常消耗人体电池，因为性活动引起高度兴奋、紧张。紧张会使所有子午线上的能量进出口关闭，使身体失去接收能量的能力。并且，一个能量水准较低的人可能从其性伙伴那里吸走大量能量。精液也是能量，男子一次射精量大约一汤匙。科学研究表明，这些精液总的营养能量价值相当于2块牛排、10个鸡蛋、6个橘子和 2个柠檬所含营养能量的总和，其中包括蛋白质、维生素、氨基酸等等几乎所有的营养成分，因此射精也是大量生命

能的流失。

人在睡醒后，一睁开眼就开始流失能量。当眼睛专注地盯着什么看时，能量就在被大量消耗，特别是看电视、上网、画画、写文章等精神劳动，消耗的能量更大。当一个念头出现在人的大脑中，一个想象的世界呈现出来，用图画或文字表达，创造着一个从无到有的事物，一幅画，一篇文章，是纯粹的精神能量幻化出来的，所以，消耗的能量不亚于生一个肉体的孩子。

现代医学的基因理论认为：随着年龄的增长，基因表达得准确性下降，导致人体代谢能力下降，因而表现出衰老。自由基理论认为：如果人的营养不平衡，导致体内产生的自由基不能被及时清除，导致体内垃圾越来越多，因此人会衰老。线粒体是人体产生能量的加工厂，这个加工厂本身衰弱了，为人体提供的能量不足，人就会衰老。细胞凋亡理论认为：由于不良的体内外环境，诱发细胞凋亡，或细胞死亡过渡，活性细胞减少，组织器官萎缩，体重减轻，人就衰老了。上述这些衰老理论设计的所有生理学过程，有一个共同的特征，那就是需要消耗能量。这种能量是物质的，具体的，可以通过食物补充。如果饮食习惯坏，摄取的能量过多或过少，都会加速这些生理过程朝着衰老的方向变化。

人的外貌是心相的反应，相随心变。如果心态年轻，外貌一定不显老。所以，道家的修丹，主要是提升人的精神，人的精神能量充沛，才能支撑肉体的消耗。几乎所有的疾病与衰老都与精神能量匮乏有关。

《周易参同契》的《养性立命》章指出，宇宙是由无形的能量和信息从混沌无序的状态，逐步有序化、复杂化而生成基本粒子，生成无机物、有机物、生物、人等有形物。人是由父精母卵生成合子，合子依据生物进化的模式，逐步发展演化而来的。如不加以控制，人就会按合子中所带信息，自然完成其程序，走过生长老死的全部过程。如能利用其中的修复和返还机制，就可

以返老还童，可以从有返无，还可以制出纯能量而无形质的信息能量共生体，或叫信息人，或叫阳神。信息人的制作过程，需要雌雄交合，雌是性，雄是命，即性命的合一。

所谓无和有，无指事物的形成阶段，还没有以物质的面目出现，有指已经形成了物质的形式。无不是空，不是什么都没有，而是以能量场，以无形的状态存在的事物。当你想升官，你的一个念头就会招致宇宙能量场相同的信息向你聚集而来。你的意愿坚持的时间久了，相关的能量聚集得数量足够多，你升官的念头就会呈现为物质形式。也就是说，在这个过程中，从无到有地调动了巨大的能量，消耗了你的精力，你的心灵为此承受了酸甜苦辣的折磨，每经历过一次，就衰老一些。但是，如果反过来，你没有念头，没有欲望，不向宇宙发出吸引信息的指令，不用自己的能量去聚集外界的能量，你就没有无谓的内耗。

你想升官消耗了你的能量，是你在做社会的人，如果你做个自然人，避免了各种扭曲，你就会拥有120岁的天寿。你做社会人时的紧张、焦虑、恐惧、对抗等，都会对自然的身体造成破坏，都会折你的寿。没有人可以脱离社会属性，当你做社会的人时，你有顺其自然的智慧，升官了也好，不升官也好，都奈何不了你，你的心一直守候在自然状态上，拒绝一切非自然力量的摧残，你就不会老。

对于身体来说，你没有念头，你静下来，生命的气机就动起来，气机强，身体就健旺。对于精神体来说，你静下来，没有一丝念头，无念，你就打开了宇宙之门，看到宇宙的真相，那是个一体的存在，一切都是初始的"一"。精气神本是一家，气即是精即是神，能量即是信息即是场，事物即是时间即是空间。用中国道家的话说叫归根返元。你能够回归，能够看到宇宙、生命真正的奥妙，你就会获得巨大的能量，长寿只是其中很小的一个功效。

《泥丸夫人》创作于 2012 年，布面油画，150cm×200cm

泥丸即松果腺。大脑是青春之根，脑为髓海，脑垂体、脊髓液是决定人的青春的物质指标。大脑获得自身大药元精化出的元气的滋养，刺激雌性荷尔蒙激素的产生，大大缓解绝经期的症状，使女性恢复青春。

《真阳》创作于 2009 年，布面油画，120cm×150cm　2012 年杭州春拍会 95 万元成交

昺，见也，人身元阳无形真火也。水中之火为真阳，火中之水为真阴。人的元精发动时，两肾如汤煎，为肾水中的真阳。

时刻想着我在，这个单纯的感觉本身，会创造出一个中心，一个如如不动宁静的中心，一个自我主宰的内在中心，那是一种强大的内在力量。一个成功的画家，一个成功的演员，任何一个成功的人，都是在内心建立了这个坚强的心灵的平台，找到了感觉的人，所以，这个宁静中心的建立，是走向成功的第一重要的基石。

7.生命的最大能量
——智慧

其有大也、盛大、丰盛、极其丰盛、丰满硕大、生活富裕。

内秀、多才多艺、有文采、爱好广泛、知识面广、表面看是个外向型的人，实际是个内向之人。

颜色由43%的绿色与34%的红色合成。

丰卦

《弹琴观音》创作于 2006 年，布面油画，120cm×120cm

　　弹琴观音的裙子是肾阳肾火的灵蛇能量团，紫色是宇宙元气能量。古代把男女交合比喻为琴瑟好合，弹琴观音自身阴阳交合产出的元气，和宇宙大元气内外交融，使她的身体沉浸在高生物电状态，眼睛却是静的。元精发动时能无念地入静就结金丹。

　　智慧不是世俗意义上的聪明，是一种看破本质、化解难题的能力。智慧是人生的夜明灯，照亮黑暗，驱散恐惧，消除烦恼，带来自由快乐。智慧是一种深邃的洞察力，通过深入的观察，了解了内心世界的真正本质，使人有能力打破迷惑的心态，透过深入的了悟，得到智慧，内心自然而然达到明澈的境界，得到安详与和平。

1. 苦根不尽，智慧难开

困难、苦难磨炼了人们的心智，令人反思，寻找解决困难的办法，走上获得智慧的征途。因此，苦难、困难是通往智慧之路的起点。

韩国青春励志电视连续剧《大长今》创造了亚洲票房之最。长今是一个苦难深重的孤儿，经过20多年的刻苦努力，成为一代御膳、一代御医。甚至，国家的灾荒、瘟疫、皇宫中的矛盾纠葛，都要靠她才能化解，她几乎成了千手千眼观音。

父母被害，孤苦无依，忍饥挨饿，寄人篱下，没让她哀怜、懦弱，反而更加强了她进宫、进御膳厨房的梦想。严酷的宫女生活训练，被排挤，被陷害，被赶出宫，她都没有放弃。像一粒种子一样，不落在地里死了，仍旧是一粒，若是落在地里，就结出许多子粒来。她到哪里就活到哪里，被赶到宫外种草药，她竟然试种成功了人参，当时，韩国的人参以惊人的高价从中国进口。她刻苦学习烹饪技术，却被人陷害，参加御膳比赛的面粉被偷走，她不仅想出了用大白菜叶代替面粉，还把菜肴灌注进精神能量，用物质的能量与精神的能量，双重地呵护皇帝的身体，使她在几乎没有资格参加比赛的危机下，得了大赛第一。

大长今被狠毒的恶势力陷害被迫到济州岛流放，即使在流放期间也多次被人置于死地，但是，她即使面临死的考验，仍然不放弃。所有的苦难，变成了她增长智慧的阶梯。她就像一个转化器，投进去的都是苦难，变出来的都是智慧。她无数次的绝处逢生，她学习针灸，学习医术，终于以医女的身份，再次重返皇宫，她以诚恳的力量，感染着周围的所有人，她的心性，她的神魂在一次次克服困难中，被磨炼得无比的坚韧。只有苦难中磨出来的经验才具有撼人的力量，她成了克服困难的高手，成了所有人的依赖。她的心力已经磨炼得巨大，只要她出面，就没有解决不了的难题。

一部电视剧的成功，甚至是广泛的社会狂潮，证明着人们对诚恳的力量的高度认可。那极强的心力，解决困难的能力，使大长今为人如同有千手千眼，能做千秋事业。而所有神奇的力量，都来自那颗诚恳、专注的心。像《西游记》里的唐僧，为去西天取经，经历了九九八十一难后，终于凭借那颗无比诚恳的心取得了真经。东方最伟大的符号是莲花，它代表的就是一颗专注的心，出污泥而不染。观音菩萨就是从妙善公主，历尽无数的生死考验，到须弥山采到金莲而成道的。那颗金莲，不生池塘却长在山上，根不沾泥叶不带尘，冒雪而开闻声而隐。从向外的寻找金莲，到内在的心头莲花开放，妙善公主成为观音。那莲花是比喻心头一念不生的佛性。

　　多年前，我去普陀山，临行时有人说，你一路上，都会有人出来给你带路。果真如此，就是有好心人放下自己的事，给我们一行人带路。就像《观音传》里，她上须弥山采金莲，有佛祖显化身给她指路一样。还有更巧的事，普陀山的老住持就叫妙善，叫的是观音在家时的俗名，现在已经圆寂。那时，见到妙善，老人家当场演示无心。我要老人家的照片，他叫徒弟来找，徒弟就从他手边的柜门里拿出来。我这才醒悟过来，原来，他当然知道照片在这里，可是，他一直都在定中，一个念头也不动。他说："这就叫处处无心处处心。"心指本心、本性。当你一个念头都没有的时候，就是本心的状态。六祖惠能，大字不识，听到"应无所住而生其心"就开悟了，得到了五祖的衣钵。

　　无心，无念，人的精神就处在最大的能量场中。人能对治好一个接一个纷繁的念头，就营造了内在的宁静的中心。这个心的力量就非常大，心一应俗，想做什么的念头一起，这个心一用，就有着无比巨大的能量场，小的困难，一下子就被冲破了。因为，所有的事情都是能量运动的结果，心力强，调动能量的力量就大。而每一次吃苦，都是在磨炼心性，锻炼心力。所以，苦根尽，智慧开。大长今就是这样从一个苦难的孤儿，成为一代杰出女性，一个有智慧的人。

2.智慧要行解相应的

智慧不是口头的，而是要用行动体现的。看一个人有没有智慧，智慧的层次有多高，就要看其做了什么。所谓大智大谋，智慧是一种大的东西，抛开狭隘的观念，从天地人，宇宙的角度去观察一个生命，没有这样的胸怀，就无法评价有智慧的人。出家的高僧大德，他们当然都是智慧无边的，但是，作为俗世家人，特别是滚滚红尘中的最高权力的拥有者，身为这样的社会角色，还能成为有智慧的人，就十分难得了。我认为，武则天就是个有大智慧的人。

武则天是我最佩服的一个皇帝。一直以来，人们都把她说俗了、说低了，什么弄权、淫荡。其实，她是个非常了不起的生命体。她当政的时候，大力发展科举制度，不拘一格提拔人才，重用文人，社会经济繁荣，国泰民安。大唐盛世，中国诗歌史的巅峰唐诗，中国佛学史的两座巅峰，修行派的慧能与学理、翻译派的玄奘，都产生在那个时代。武则天参与佛经翻译，玄奘翻译的《金刚经》前面的"开经揭"是武则天写的，等于皇帝为一部从梵文翻译成汉语的经书写序："无上甚深微妙法，百千万劫难遭遇。我今见闻得受持，愿解如来真实意。"《金刚经》是佛祖释迦牟尼的心印，是印性证心的经书，没有明心见性的人，没办法读懂。即使是中国最伟大的佛经翻译家玄奘，从他的著作里，也感觉不到他已经证悟本性。只有如六祖慧能这样的智者才是明心见性的人。而武则天的四句揭，透露了她已经有些感觉了，甚至可以认为，她是已经得道了的皇帝。

你看她留下来的自己陵墓的无字碑，大道无言，不可说。你看她的名字"曌"上面是明，下面是空。明就是明心见性，空就是证得本性为空。而武则天并不是口头派，而是虔诚的实践者。她为自己取的名字，上半部的明字，是日月，日月是阴阳，是生命的核心。人是宇宙的一部分，人只能顺其自然，

147

才能健康、长寿。她的陵墓，选在两座乳房一样的山峰中间，那个位置，对应是人体的膻中穴，是女子修内丹所意守的穴位，也就是女人得丹的炉鼎。史书上记载，武则天70多岁还像40岁的样子，她是个修内丹的高手，否则不会有那样的实效。她把自己葬在膻中穴，是在宣布，即使她的肉体不在了，她的精神体还是长生不老的。她丈夫死后，还有男人，历史上只说她淫荡，像她这样高智慧的修行者，她要的是阴阳之气，表面上看是男女之事，但道者是把欲作为修气的手段，首先要戒去淫欲、贪欢之心，一意守精致气。房中之行，虽其在行，其宰在心。形交而神接，精化而气变，此中微妙，妙在安和，心性不动，精气自静。气血相与，形神相资。世人不知己之俗，又焉知道之大耶！

武则天的入定功夫也相当深，她入定，看到自己是银狐转世，下凡时阴差阳错没有得到减少杀戮的观音菩萨的甘露。于是，过重的杀气给人间带来了血腥的灾难。她忏悔，把王位让出，自己潜心修行。她节约下自己的脂粉钱，倡导修造佛像，于是，有了今天我们可以看到的河南洛阳的龙门石窟佛像群。其中的毗卢遮那佛，就是武则天照着自己的脸雕刻的。因此，我们虽然没有武则天的真实画像留传下来，但是，她真实的音容笑貌，在那尊佛像里得到了永恒。

武则天就是一个智慧的生命的化身，她不仅对佛经、道经等智慧的思想有深切的喜爱和领悟，更是用自己的生命去阐释智慧的实践家。

3. 智慧在随时的觉醒中增长

有智慧的人懂得真正的得失。有人奸诈地利用人，不付出代价就得到了想要的好处。他在为自己的"智慧"扬扬自得。他不知道世界上的事情是个因果链，种足了因才能得到果。没有种因就得到了果，就为下一个环节种了

《吹笛观音》创作于 2006 年，布面油画，200cm×150cm

真我是人的本来面目，元神本性的别称。真我也叫真性、佛性，道家的无极符号○说的就是真性。我们身上这个不生不灭来自道德的永恒能量，见到她才是入道的开始。

生命的最大能量

智慧

CGA

恶因，总有恶果会等在前面。而那个吃了亏的人，无私奉献了的人就为自己的未来种了善因，早晚会有善果在前面等着他。所以，有智慧的人，没有索取之心，只有无私奉献，绝对老老实实地耕耘，同时十分警惕不沾别人的好处，知道那是在种恶因。一切都是利益驱动，不付出就得到，或者少付出就得到，这表明了一种太赤贫的能量。具有这样能量水准的人，只知道求果，看到什么好的想轻易得到，但没付出终究是得不到的，这样的人要想有个什么大的成功，根本就是做梦，而有智慧的人就只是埋头种因，收获自然会尾随而来，因为得失终归会是平衡的。

人每天都在经历着许多，从中应该有大大小小的领悟，这样才能把你智慧的能量积聚好，否则你会错上加错，与你想要的目标南辕北辙。

领悟需要静心。当你被欲望烧焦了心，为了达成某个条件很不成熟的事情，你的心随时都在油锅里煎，不烫得嗷嗷叫，怎么有能力从这困境中解脱出来呢？只有当你的心静下来，觉醒才变可能。

很多人的状态是手上干着一样，头脑想的是一样，心里感觉的又是一样，人处在多重的分裂里面。这种状态就是昏昏然，不知道自己在做什么。当你正在听一个人唱歌，你被深深感染，你感觉到一股有力的生命能量，通过歌声注入你的体内，你像被充满电的电池，你沉醉在无比的激动里。那声音顺着一念相应的经络，流向你生命之海的深处，永久地驻扎，只要你念头一闪，那个电流就重新充满你，它已经成为你生命的一部份。你这时的听歌，就是全然地在场，不是停留在从 A 到 B 的线性思维，而是从 A 到 A1、A2、A3 等的垂直性思维，在向生命的纵深探索。这样就是你在，你在你就是觉醒的。

你在是感受性的，你感受故你在。你想这个人是谁，是专业的还是业余的？如此这般一思考，你就不在了。比如做爱，随着感觉走，完全放弃思考，自然的能量带着你们去旅行，但你一思考，那个阴阳之气谱写的乐章就停止了，那口气断了，你思考得越多，感觉就越不好，甚至，不得不终止。思考

属于过去和未来，当下没有思考，当下只是你在。大脑干的两件事，或是当下的感受，或是分析思考，大脑在同一时间只能干一件事，绝对不能同时干两件事。

可悲的是太多的成年人，都在错过鲜活的当下，拥抱虚假的过去。他们开口就从自己过去的经验出发，去批评一顿，议论一顿，和事情的真相一点也不沾边。听着他们机械式的套话，看着他们长满老茧的心，他们僵硬的思维，像新疆的干尸木乃伊，真的感觉是活死人。他们不会真哭，不会真笑，接触不到鲜活的生命核心。当他们吃饭的时候，只是机械地往嘴里塞，脑子里不知在想什么，再好吃的食物也没有味道。他们只是用食物在搪塞身体，脑子里不知在想什么。他们的脑子一个念头接一个念头，停留在水平线式的时间世界里，深入不进生命的深处。细嚼慢咽地吃东西，那每一口带来的满足，很注意地吃，即使很普通的菜都会令你感到美味十足。他们在水平线上的行动是出于某种动机，而沉浸在生命的片刻感受里的人，他们是出于纯粹的喜悦的行动，因为行动就是生命，生命就是能量，能量就是行动，他们只是开开心心地待在能量里。比如，有人写书，就是觉得特别过瘾，特别好玩，母亲认为只要孩子觉得写书好玩就好好写，而父亲觉得写吧，写出来又能挣钱了。母亲的反应是直接的、本性的，父亲的反应是思考的、功利的。

人们习惯了思考、实现企图，没时间观照。现代人太紧张了，压力使他们徘徊在崩溃的边缘，他们只有把自己变成一台麻木的机器，用更多的理性思维，让他们安于麻木，才能支撑早已不堪忍受了的身心。本末倒置地追求物质文明的现代人，作为生命，几乎完全失去了新鲜度、感觉的强烈度。改变这种恐怖的现状，就是要从关照开始做起。首先，观照自己的身体，你的身体就会放松下来，就会变得协调，会有一种平静从你的身上扩散开去。接着，观照你的思绪，关上门，把你每一个思绪记录下来，你会发现你的念头一个

接一个，仔细地观照那每个疯狂不停的念头，时间久了，思绪慢慢落入一个轨迹，不再是一片混沌，而是慢慢变成一个井然有序的世界，更深的平静会弥漫开来。随后，观照你的感觉，你正在伤心吗？把你的身体、思绪、感觉三合一，你就可以得到来自整体的一个礼物。

比如，有一天，我到北京西直门的东方银座去见人，到地下室停车，没有人指挥，出停车场找不到出口，我嘴里就说，这里不好，这里不好。根据这个说不清的不好的感觉，调头回家就好了。可是，我要礼貌，要尊重别人，要遵守约定。到房间里见到人，原以为一个在美国混饭吃的风水大师，应当是比较灵性的人物，却是一样的僵尸般的思维。晤谈不愉快，心想，我真是自找麻烦。谈话中，总是出于礼貌地坐在那里，几次说到空调凉，也没抬脚走开，结果，回家第二天发烧39度，被凶恶的空调和不良的感受激坏了。这个事件告诉我们，事物的存在是整体性的，整体自有它的计划，整体一定比局部有智慧。当一去就感受不好，那是在提醒，是事情发生的前兆。虽然，那件事还没出现，还没有呈现为一种眼睛看得见的物质的或有形的状态，但是，那个感觉是整体的，通过那个感觉就可以知道整体是怎么回事。大脑的思考，礼貌呀，面子呀，都是局部，认同局部就割裂了整体，如果整体上是凶，就要被凶所害了，我好好的，多少年都没感冒过，这次来了个惊吓的高烧。

这也就是，为什么要苦口婆心地劝人们回到当下，回到感觉里，就是让人们回归整体，回到智慧的怀抱。

时刻想着我在，这个单纯的感觉本身，会创造出一个中心，一个如如不动宁静的中心，一个自我主宰的内在中心，那是一种强大的内在力量。一个成功的画家，一个成功的演员，任何一个成功的人，都是在内心建立了这个坚强的心灵的平台，找到了感觉的人，所以，这个宁静中心的建立，是走向成功的第一重要的基石。

《时尚观音 1》创作于 2006 年，布面油画，200cm×150cm

寻找真我，见证真我，生命才会安宁和谐。如今发现真我已经成为流行时尚。

生命的最大能量

智慧

CGA

4. 活在当下

当你置身大自然，忘掉所有的烦恼，深深地感受美景，你的心变得就像绿水青山一样透亮，你的心与大自然相应、合一，这种体验是最美妙的精神食粮。一切众生皆有佛性，花草树木也有佛性。佛性是人身上最好的东西，无论经过多大的变动，它都一直不动，它是最持久的。佛性是生命的根，心灵的船。找到自己身上的佛性，心可以变得更美，成为快乐大本营，远离痛苦。即使，你正在等候医院的化验结果，你被怀疑得了癌症，你不会像一般人一样紧张、恐惧，而是平静地做着手头的工作。你的心有智慧的明镜，你知道活在当下，物来则应，过去不留，实实在在地，你只守在眼前的工作上。是否得癌症是未来的事，和现在无关。现在想未来的事，因为不是身临那事本身，所有的思考都是空的，都是假的，人何必要用假东西吓唬自己，吓唬别人？同样，人站在现在想过去的事，也已经不是身临其境了。只有身临其境的现在，才是真实的，活生生的。守在当下一刻，是接近佛性的最佳捷径。

当你参加唱歌比赛的时候，你只要专心地唱好每一句，就是活在当下。你一走神，一紧张，想得不了奖、对不起父母的辛苦，结果，你就在这一瞬间跑了音儿。你在唱一首歌，就是在用声音创造一个新的生命，你念念守住，整个歌声就像四肢协调，欢快无比的新生儿，给听者的是鲜活的感动。而那一个杂念，就会造成你生出来的声音的孩子少个耳朵，成为残疾儿。给评委的感觉一定是难受的不愉快，你的分数一定就会打折扣，比赛就不成功。这个例子还说明，守在当下与否，是成功与失败，活与死的区别。事情严重吗？事情就是这么严重。智慧的佛家，研究出了如何守在当下，让自己全心全意地与正在做的事情合一的方法。

观世音菩萨成道的耳根法门，是返闻闻自性，听一个声音，你注意了它，

《托钵观音》创作于 2006 年，布面油画，200cm×150cm　北京王女士收藏

真我是能量的核心，见证真我，你就是个永远青春、能量充沛的人。

生命的最大能量

CGA

智慧

你的能量就向外流走了，要反过来，找谁在听？让能量形成一个环流，再回到你的身上。转个方向，返回到源头。主体自身成为客体。倾听者变成被倾听者，观察者变成被观察者。观察与被观察两者互相融化时，它们成为一体，观照在一体中出现。

当你面对一朵玫瑰花时，完全忘记有一个被看的客体和一个在看的主体，让那时刻的美感把你和花一起淹没。你们变成同一种韵律，同一首歌，玫瑰花进入了你，你进入了玫瑰花，它是一种分享的存在，它是一个进行着的反照，它是一个融化的动态过程，这需要你全然地投入。

所谓诚心，即一心。道教全真派七个祖先之一的孙不二，是个出众的美女，师父王重阳看到洛阳一带山水灵气正旺，希望她离家到洛阳去修行，只是担心她的美貌，会给她带来麻烦。孙不二烧了一锅油，往滚开的油锅里泼一碗冷水，把脸凑上去，油点烫出一脸水疱，落下疤，又装疯，在家人放松警惕后离家去了洛阳，在三年的疯乞丐生活中苦修，终于修成正果。全然一心，单纯的人容易成功。

活在当下一刻。你现在和你的爱人在一起，握着他的手，感受这美好的时刻，体验幸福的感受，而不用大脑，思维，理性，因为你一用这些，就跑到了过去或未来。你想他是最能理解你的人，这是你和你过去认识的人在比较，你已经跑到了过去。你畅想你和这个人一定有美好的未来，你又跑到了未来，那么，你就错过了现在，现在是感受性的，过去与未来都是理性的，用头脑的，现在只要你用感觉，是活生生的，要活在现在，活在活生生的感受里，你此刻很幸福，就沉浸进去幸福，不要理性来干扰，让自己从现在溜掉。

活在当下，是获得幸福的秘诀，很多人是活在过去与未来，那是僵化的理性的模式，不是生命的模式。比如择偶，你遇到了一个一见钟情的人，你第一眼就觉得人生的双人舞，能和你起舞的非他莫属，你们之间丰富的内涵，在那一眼里都涵盖了。但得到他还有一些困难，需要时间。而其他人，你找

不到感觉，却没有困难，看得见的外在条件比那人还好。你选择谁？按你的内心激动的指引去选择前者，你就活在了当下，听从了你直觉的声音；物质条件好，会减少生活的压力；现在年龄不小了，应该马上结婚；这些都是未来的，大脑反映出来的，而真实的当下一刻，是你对这个人不激动，没感觉。选择后者，你是服从了理性，你用理智枪毙了你的感受，你的内心拥抱了谎言，你选择了没感觉的生活，你对别人没有真爱，终究有一天你忍受不了，别人也忍受不下去。

感觉是真实的，真实的东西对你是最好的。如果你过一种绝不遵从感觉的生活，处处要把感觉用心智的机械作用过滤掉，那你别想在这样的机械作用中得到快乐。感觉是灵魂的语言，灵魂懂得大脑想象不到的事，回到你的感觉，脱出你的心智，你就会变活。你的感觉是你的真相，过去的经验不是真相的指针，因为纯粹的真相是在此时此地创造，而非重复再做。过去与未来只存在于思想中，思想是大脑的产物。现在时刻是唯一的实在，留在现在里。

所谓"一"就是自然，老子说道法自然，"一"就是道。我们最难做到的就是自然。你在吃上，本来营养的摄取很简单就可以满足，但你被五花八门的食品广告，诱惑得乱了方寸，东也吃，西也吃，营养摄取过量，身体肥胖。为了美，你又走向相反的极端，对食物有诸多的忌讳，怕这怕那，恶意减肥，身体失去平衡。你不是走在左，就是走在右，难走在中间，做到自然而然。

当下一刻，鲜活的感觉，是一切美好事物的生死线。要成功，要幸福，要智慧，就活在当下，紧紧追随每一个鲜活的感受，跟着感觉走，曙光在前头。"当下一刻"是法门，是认知的态度和方法，是过去的"因"而生就的现在的"果"，却又是未来的"果"源于的现在的"因"。是一种高效率的认知宗旨和行为准则。它告诫你全然诚意于一刻，却又不可执著于一刻，此一时

生命的最大能量

智慧

CGA

彼一时也！它可以让生命真正地灿烂、鲜活、生动、激情、辉煌、超越、幸福、快乐、平安、长久、融合、升华。无论你是知还是不知，它是万宗归一的不变的恒久法则。

5. 修心性是一生的功课

心性的心指后天意识，性指自然本心。人体这个大自然体是自然本心主宰的，她是个和宇宙一体的大智慧载体。后天意识心是狭隘局限的，与客观发展规律有很大的距离。假如用一个立体的球来比喻自然本心的话，后天意识只是球上的一个点，一个像是个大西瓜，一个像是西瓜上的一粒芝麻。站在哪个点上说，都是瞎子摸象，摸到鼻子说鼻子是大象，摸到耳朵说耳朵是大象，不可能把大象说准确。自然本心是整体把握事情的，是一念不生全体现的，她用空、用静的时空立体魔镜，站在地球的核心点，站在事物的核心点，把整个地球、整个事物都呈现出来。整体、全面、深入，使你对事物的认识可以达到百分百的准确，时间空间限制了后天意识，但是，自然本心是突破时间空间存在的，她可以知道过去，未来，可以未卜先知，可以拨转时空轮，一念就进入另一个所谓历史空间。

自然本心，也叫一灵真性，真我，道家的无极符号○说的就是真性。人的财富、健康、寿数、创造力等都是○的能量级别决定的。如果能认识到○，就能提高此生的生存水平。如果能证到○，就可以让自己，提升为高能量的人，比如圣人、真人、至人，成为大真我的一部分，对更多的人和生命有广大的功力施与帮助。真我源于无相世界的大真我，其根是道，是人之本，人有道性。性就是本性，也称灵性、元性、自性、佛性、真性。老君，老者乾阳，君者性王。无是性，人若无心则见自性真人。凝神一心，一则虚，虚即我之真性，一灵真性就是元神。元神是人体中最高级的生命物质，神天示也，天即是客

观自然的展现。大自然所展现的，运动的过程叫神。元神的特征：空无类的生命物质，并不是某个骨血肉的组织器官，是光气能量团；是以象来呈现的，元神是一个系统，元神、三魂、七魄、五脏神；元神代表人类真性质；元神灵奇神妙，元神修成的人有妙用；元神是一种特殊的光物质；元神是人的本来面目，是人得以长生的根本原因；○是生命的真主宰，○来则生，○走则死。如果用自身的能量将元神养育，每个人都可以活到120岁的天年。

人未降生之前，先有"○"，叫太和一炁，"○"生出阴阳，人降生之后，"○"藏于阴阳。"○"盘旋清空为元气，既落人身为元神。它是无声无臭、无思无虑之真，不内不外，隐在色身之中，叫法身，也叫本来面目，或明心见性的性。一点灵光入胎来，当前即是，转瞬即非。灵感闪现的瞬间，或短暂的愣神、出神，忽然静定，一无所知所觉，即老子说的虚其心，我心之虚，即本来天赋之性，也是佛家说的佛性、自性、妙明真心。见到自己的本来面目的感觉是：忽然觉得我心光光明明，不沾不脱，无量无边，而实一无所有，就是明心见性，得先天面目。初见此景，不免自惊自喜，惊喜都是后天意识心，先天浑沦之元神却又因此打散。纵有念起，总不理他。那知觉心、惊讶心、喜幸心一概自无。多多调习，久久温养，使此心此性实实入我定中，还我家故物，无所喜，亦无所惊。如此久炼，始能返本还原，归根复命。

见性在一时，守住自性是一生的功课。灵明性体显露出来，离身心意识的空性，它的显露似惊鸿一瞥，稍纵即逝。如人在酒醉时、性交时、灌顶时、惊吓时、心息相依突入佳境时、先天精气入中脉时、闷绝时、临终时、睡眠时、极度劳累忽尔休息时、紧张状态突然放松时，以及打哈欠、打喷嚏、憋急撒尿时、突然愣神时，空性光明显前，刹那间即能觉知，是一种真实的心理现象。这种偶然的空性显露，还不是明心见性，不动念安住于性地，保任如如，善自护持，才能真正证得灵明性体。

生命的最大能量

智慧

CGA

《舞蹈观音》创作于 2006 年，布面油画，150×120cm

真我是人身的智慧宝库，舞蹈观音的智慧之剑，有起死回生的法力，是生命最可靠的依赖。能见证到这把慧剑，就可以从凡人提升为高能量的圣人、真人、至人。成为大真我的一部分，对更多的人有广大的功力施与帮助。

8. 生命的最高成就
——金丹

　　金指宇宙永恒的元炁能量，丹，上边是日，下边是月，日比喻阳，比喻人的元神，月比喻阴，比喻肾水中的元精，金丹的两个步骤元神罩住元精、元精产元气养育元神，从上往下和从下往上都是阴阳合一，阴阳合一就是金丹。

　　表述任何事物的初始或大终。乾，健也、圆也。
　　健全、完美、圆满、本原、开端、驾驭、奋斗不息等状态。
　　颜色由11%的橘红或金色合成。

乾卦

《水中金》创作于 2009 年，布面油画，120cm×150cm

性能量中蕴涵着的先天真气叫神仙一味水中金，即快感电流是人体黄金。丹家称海底红日，人的命门起火，两肾烫煎。元精发动使成年人的元精团聚在一个点上，还原到儿童的元精四散在全身的面上，由点到面改变元精运行路线。

金是金刚不坏，不生不灭宇宙的永恒能量，与我们的自然本心自性真我是个母子关系，宇宙大太极是大真我，我们每个人的灵魂是小真我。丹，上边是日，下边是月，日比喻阳，比喻人的元神，月比喻阴，比喻肾水中的元精，金丹的两个步骤元神罩住元精、元精产元气养育元神，从上往下和从下往上都是阴阳合一，阴阳合一就是金丹。用易经的卦象来说，乾卦就是金丹的象。如果用元气比喻人体黄金的话，从一阳初动的复卦，到二阳生的临卦三阳生的泰卦，四阳生的大壮卦，五阳生的夬卦，到六阳生的乾卦，这是人从1岁到16岁。人的元气每32个月生64铢元炁，1岁到2岁8个月生一阳，为复卦。16岁生6阳乾卦，天地正气360铢，加上祖炁带来的24铢，一共384铢，一斤的数。16岁起96个月生一阴，耗64铢，一阴生24岁的姤卦，二阴生32岁的遁卦，三阴生40岁的否卦，四阴生48岁的观卦，五阴生56岁的剥卦，六阴生64岁的坤卦，人体先天元气八年下一个卦的台阶，到六阴生的坤卦就一滴不剩了。金丹养生，利用人体大药自产元气，恢复人体含元气的总量到16岁的最饱满的乾卦。从64岁坤卦的发白气短，容槁形枯，返还到夺天地日月精华，周身如童子纯阳之体的乾卦，也就是返老还童。金丹的材料是先天一炁，这种高能量，在古代被称为万两黄金不换一丝半忽，它让女子回到16岁的样子，男的变回童子之身。金丹是药王，可以治愈一切人体的疾病，是最高级别的自然医疗。

1. 金丹药材

　　金丹可以让人长寿和长生，历史上只有福报足够大的帝王家，才可以享受金丹文化。从秦始皇到历代帝王，无不对金丹趋之若鹜，《西游记》经历八十一难才取得真经。金丹的药材是元气，元气是人体先天的能量。先天是爹娘给的，是天生带来的。连中医都说元气无法再造，只能通过人体外的物质如中药、补品补气，补的是后天气，对先天的炁——元气无能为力，只能

生命的最高成就

金丹

CGA

眼睁睁看着元气随着岁月流逝。金丹大道是得到成仙的神仙祖师总结出来的人体后天返回先天的方法。人在娘胎里是人的先天，到16岁之前都可以算先天时期。生老病死本来是自然规律，人怎么样才能跳出这个规律的制约，让自然造化发生逆转，不是小的变老，而是老的变小呢？

返老还童的理论源自老子《道德经》，浓缩在唐代吕洞宾祖师的《百字铭》上。老子用五千言，阐述返老还童的原理，吕祖用百字，概括了金丹的操作。金丹的药材是人体的先天精气神的合一，也就是元精、元气、元神三家相会。精是身之本，精微物质是构成人体的原材料，精气神是精微物质三种不同的形态，凝聚态是精，运动态是气，运动中所起的微妙作用叫神。精分后天与先天，后天精指男人的精液和女人的卵子，广义还包括人体内分泌的多种激素。先天精也叫元精，在没有性刺激的状态下，自发的性功能。例如男婴生殖器的自然勃起，成年男子清晨阳具的自然勃起，女人月经前后几天的性欲自然强烈，都是元精发动，元精是返老还童的人体黄金。《真铅氤氲》（见彩图第166页）元炁是父母生我们之时带来的，和自然宇宙一体的真元之炁。人的本质是元炁，宇宙的本质也是元炁。宇宙中的元炁，在父母交合时，被招进母腹，形成胎元。人一出生，就与先天元炁隔断，后天气生。到64岁坤卦，元炁耗尽。返老还童，就是把消耗元气转化为自产元气。元神是所有生命的灵。元神携带历代多世真知的高级能量物质，携带着累世的信息和父系、母系的遗传基因，是个高能量信息团，无形无象却光芒四射，无拘无束却惟道是从。元神是大脑深层、除大脑浅表组织外所有巨大面积脑组织精华的总汇。元神是宇宙能量的搬运工，只有元神能把宇宙高能量源源不断采集到人体，让细胞发生改天换地的变化。元神是自然本心，是灵感、直觉、大智慧的代名词。

精返回先天的元精，气返回先天的元气，神返回先天的元神，人就可以实现返老还童。

2. 金丹秘诀

元精、元气、元神三家相见的秘诀是一个"静"字。人体是个大自然的完美杰作，人的自然体系就是人的先天系统，这个系统的主宰是自然本心元神，意识心只能控制人体10%不到的随意肌，人为可以控制的是很少的。人的自然之心和人为的意识心两个心，能够有主有次，协同运作，人就会健康，疾病是出在人为的意识心对身体的过分扭曲。动，念头不断是人为的意识心。静，清闲才会养气，静就是自然本心。生命的先天部分叫性命，性就是自然本心，也叫元神，命就是元气。金丹是人体先天的阴阳的合一，也就是性命的合一。能静，性对命的自动抱阳功能才能发生，人不静，性对命就处于分裂状态。性命合一就产元气，性命分离就消耗元气。

吕祖在《百字铭》上说，性住气自回，人的心性能清净，先天的元气自然就会发生。我们不能在性上长期地停留，就是因为有后天意识心，把这个心空掉，无意识，什么也不想，那个空静，就是自然本心的性。人身只有先天的性是纯阳，其他都是阴性的。返老还童，返回纯阳的性上，身体才会变化。性是人体的纲，纲举目张。能空就是居性地，一是先天，二是后天。无分别心，能一心看待问题，老子说的"天下皆知美之为美,斯恶已"，不要有美丑的分别心，美丑是一个问题的两面，无差别，只是站的立场不同而已。阴阳的分别心就是后天意识心，性命的性不是这个，是分别心启动之前那个阴阳浑一的无分别状态。老子说美丑、善恶是要我们不要有分别心。打坐的时候，什么也不知道，万缘放下，凝神调息，神息合一，神气打成一团，很快进入混混沌沌的空无状态。像困了快睡着前，大脑思维停止了兴奋，昏昏默默的，这就是没分别心的状态，在这个状态昏进去，但里面的觉察还在。这个昏是后天意识心下班，先天元神上岗。首先是二心合一心，才会使身和心的二合一。

《真铅氤氲》创作于 2007 年，布面油画，200cm×150cm　2012 年杭州春拍会 120 万元成交

女人的元精发动在月经前后两天半，通红的海螺象征人体的先天真阳，也叫真铅，是返老还童的人体黄金。元精发动时，快感如同强烈的生物电在全身如大海潮一般翻波逐浪。海潮的起落和月亮相关，女人的月经也是月亮的磁场变换的结果。人体的月亮就是清净的自然本心，静心是元精发动的开关。

　　太极图中的两个鱼眼睛，就是人体的真阴真阳，水中之火的真火（元精发动），火中之水是真水（无念之本心）合一。《金丹》（见彩图第 167 页）一点元阳在肾。肾为水，水中有火，升之为气，因气上升，以朝于心。心，阳也，以阳合阳，太极生阴，乃积气生液，液由心降，因液下降，以还于肾。一炁含阴阳，一炁的运动而已。火能静为水，水一动成火，火即水，水即火，只是动静不同，阴阳之异。人能识得心中之火，肾中之水，则水火养其既济，不致火炎上，水竭下，丹田真土永固，圣贤可期。金丹的主体是心肾相交的

《返本还元》创作于 2009 年，布面油画，120cm×150cm

　　人体是个小太极，上丹田和下丹田是太极图上下的阴阳眼，上面的真阴，下面的真阳，人能返回到投胎那口先天元气上，使真阴真阳在中丹田合一结为长生不老的金丹。

生命的最高成就

金丹

CGA

水火既济，心肾之间不是直接结合，要通过肝肺的媒介传导，肝本心之母、肾之子，传导其肾气以至于心；肺本心之妻、肾之母，传导其心液以至于肾。气液升降，如天地之阴阳；肝肺传导，若日月之往复。五行各一数也，论其交合生成，乃元阳一气为本，气中生液，液中生气。心生液，非自生也，因肺液降，而心液行，肾生气，非自生也，因膀胱气升，而肾气行。肝气导引肾气，自下而上，以至于心。心，火也，二气相交，熏蒸于肺，肺液下降，自心而来，由心生液，因液生于心，而不耗散，叫"真水"。肺液传送心液，自上而下，以至于肾。肾，水也，二水相交，浸润于膀胱，膀胱气上升，自肾而起，由肾生气，因气生于肾而不消磨，叫"真火"。火中识取真龙，水中认取真虎。龙虎相交，而变为黄芽，合就黄芽而结成大药，乃曰金丹。水火既济、金木交併。金丹既就，乃曰神仙。

3. 金丹操作

返老还童是人体从后天返回先天状态。在娘胎里，人的先天呼吸是胎息，胎息是生命的原始状态，它孕育着宇宙生命的根本奥秘，是人体消除疾病、返还青春，与宇宙之气融为一体的修炼方法。腹部出现有节律的内部跳动，有拉伸的体感，有的人头部出现跳动，并有紧缩感。呼吸逐渐缓漫细长，一种快感渐渐在小腹弥漫开。

胎息最主要的作用，是沟通人与体外宇宙能量的连接。元气增加到一定程度后，开始向生命的本元返归，实现返老还童。胎息是人生最根本的保险，它能自己启动"开关"，进行"充电"。不是你在炼胎息，而是胎息在炼你。女性在胎息的过程中，最为明显的是面部皮肤得到改善，变得细腻、红润，面容有光泽，因胎息带来的内分泌旺盛的结果。男性老年人则会出现每日清晨无欲而刚的阳举；脸上皮肤变紧，红润年轻，黑斑显退。

《胎息》创作于 2007 年，布面油画，150cm×120cm

　　胎息是停止口鼻呼吸的先天内呼吸，是接通宇宙大元气最安全、最快捷的方式。胎息是人生最根本的保险，它能自己启动"开关"，进行"充电"。不是你在炼胎息，而是胎息在炼你。

听息法：若气太粗浮，则神亦耗散，而不得返还本窍，为我身之主宰。若听其气息似有似无，则凡息将停，胎息将现，而本心亦可得见矣。神难凝，息难调，而心息亦终难相依。此听息一法，正凝神调息之妙诀也。果能以神入气，炼息归神，则清气自升，浊气自降，而一身天地自然清宁。得到天清地宁之候，瞥见清空一气，日回环于一身上下内外之间，此个胎息，非等寻常，是父母未生前一点元气，父母既生后一段真灵，性得之而有体，心得之而有用，在天为枢，在地为轴，在人为归根复命之原。

不要气粗按之至细，气浮按之使敛，用了意念，就会有形凡火烧灼一身精血。要自然顺应，毫不干涉。胎息是修炼心性的功夫，每天睡觉前10分钟关注，不出一个月胎息可成。始能内伏一身之铅汞，外盗天地之元阳。久之神自凝，息自调，只觉丹田一点神息，浑浩流转，似有如无。一心顾諟，不许外游，自然内感外应，觉天地之元气流行于一身内外，无有止息。性功到此，命功自易。口鼻呼吸断，真息见，胎息生，元神出，元气融。由此温养，自有先天一点真阳发生，灵光现象，以之为药，可以驱除一身之邪私，以之为丹，可以成就如来法相。

胎息虽然是呼吸锻炼，但本质上是修性、见性的功夫。性地清明了，才会有自动抱阳气的功能的显现。元神抱阳，就是元精自然发动。元精指先天的精，是自然无为下产生的自发的性功能。广义的还包括内分泌系统、生殖系统、循环系统等激发生命活力的自然功能，是一种性能量。老子在《含德》章说："未知牝牡之会而朘作，精之至也。"精炁充足导致婴儿的生殖器自然勃起，完全不知道男女之事，这就是先天元精出现的状态。元精是先天之气，其质清而虚，后天之精浊而实。元精是后天精之本，元精在人处于十四五岁之前，因知识未开，氤氲内结，无形无象，藏于全身四肢骨节之间，等到情缘一起，嗜欲萌生，则团聚于两肾，一点真精变化为后天之液，念起精起，念伏精伏，因心而化，偕元气以盈虚，合元神为药物，修真金丹之物质由此元精而成。成人的元精集中在一个点上，孩子的元精四散在全身的骨骼中。

《虚其心》创作于 2011 年，布面油画，150cm×120cm　　上海金女士收藏

　　人有两个心，一个是和宇宙元炁能量一体的自然本心，一个是人为的后天意识心，虚掉后天意识心，人的自然本心就会自动抱宇宙元炁。心不动炁自固，意不动神自灵。

生命的最高成就　CGA　金丹

返老还童的一个标志，就是改变成年人元精路线，从点还原到面。当早晨男人自然阳举的时候，女人月经前后两天半元精自然发动的时候，静心神气合一，有性感状态，没有性意识和行为，只是一味地静观，元精就会自动散发到全身的细胞中。先天的自然之心是神火，后天意识心是燥火。元精发动用的是神火，火入水底，水中生金，杳杳冥冥，不知其极，神气交而坎离之精生！然真精生时，身如壁立，意若寒灰，自然而然周身酥软快乐，四肢百体之精气，尽归于玄窍之内。浩浩如潮生，此个真精，实为真一之精，非后天交感之精可比，亦即为天地人物发生之初，公共一点真精。

元精无形，即寓于神气之中，贯乎耳目百体而无可指。元精即元神元气酝酿流行之精华。人无精则无气无神，亦犹灯之无油，则无火无光也。一上一下，听其往来，即炼精。一缕真炁上下在腹内中脉区间内，上不过横膈顶端，下不过前列腺上界。口鼻后天呼吸完全停止或极其微弱。此内息初期一般运行于炁穴与横膈顶部之间。此真息一旦产生，内药即会相继出现，下玄关必然打开，元精先天真一之炁自然上升与此真息相接，继而连成一线，往来于"天地"之间。此真息乃证命功之宝，乃体内天机所在。此乃真人之息、真天地、真玄牝、真橐龠。首先提会阴找窍，第二双目神光凝神在窍。当真炁充沛涌动之时，从海底开始，在体内会出现类似海潮汹涌的声音，铺天盖地弥漫全身，震荡经脉。此时，在眉眼深处会显一轮明月，正所谓"地上海潮天上月"。人能反身求取自己之阳精凝结成宝，则与天地同寿。陈图南说："留得阳精，神仙现成。" 先天元精就是真命。气中氤氲而不息者，乃是真命也。氤氲指的是没有性欲自然出现的快感状态。

真息发动也是玄关一窍开启时，忽焉有炁循两腿升腾，直汇中宫。上下二炁，交会中宫，如磁吸铁，相恋相抱，温和酝酿，氤氲不散。就在二炁相抱的一刹那，呼吸顿止，而人恍然如醉矣。真炁熏蒸，遍达周身，酥绵快活，妙不可言。山根祖窍上玄关：入静感到有气团在鼻子上做功，久之垂帘山根放出白光，这是上玄关打开的景象，而这背后的动力就是真阳元精。山根祖窍开时，

《浴神》创作于 2007 年，布面油画，150cm×120cm

　　胎息炼成，人的每个毛孔都在吸收天地精华能量，神入气穴，宇宙元炁充满身内身外，叫浴神。那感受是稍静就觉得浑身起电，好像每个毛孔里都有个旋转的小太极。通心脉时，一提会阴，北斗七星就落黄庭。

身如在云端，通身酥麻发痒，如凭虚御风，快乐无边。满面如蛛网罩面，又如蚁行，痒痒欲搔，散之印堂，次到鼻柱、眼眶、两颧，两腮，牙关。口中津液升满，咽纳不尽。这是先天真一之炁，在脸部毛细血管中开通、穿行所致。

4. 金丹效验

金丹成就是人生的真名利：身拜金阙，享受天爵，乃为真名；金丹成就，无价贵宝，乃为真利；超度父母，时常亲敬，乃为真恩；坎离相交，金木交并，乃为真爱；玉液琼浆，菩提香醪，乃为真酒；婴儿姹女，常会黄房，乃为真色；七宝瑶池，八宝金丹，乃为真财。氤氲太和，浩然回风，乃为真气，这便是身中之八宝。金丹是开发生命潜能和探索心灵奥秘的人体再造系统工程，是参天地、同日月、契造化、返自然、还本我、修性命的天人合一之道，最大地体现了生命价值，开辟了人生最高艺术境界，是世界文化遗产中弥足珍贵的心灵哲学与人体生命科学。

自产元气的人体黄金诞生后，身体会出现一系列的变化。第一是得药的变化，真阳生起，浑身酥软如绵，如春情荡漾。体内真夫妻自动交媾，快感电流，超越生理限制。大药生成的六根震动：丹田火炽，两肾汤煎，眼吐金光，耳后风生，脑后鹫鸣，身涌鼻搐。第二，肝神受之，则光盈于目，而目如点漆；肝神用现在的话翻译就是肝的先天无形的磁场。元气将肝脏老化、受损的细胞蜕变后，如诸葛亮的眼睛，目如朗星，炯炯有神。神在命在，神的能量增长就长寿。第三，心神受之，口生灵液，而液为白雪；心神就是心脏的先天磁场得到了修复，心开窍于舌，舌下生白色的甜水。第四，脾神受之，则肌若凝脂，而瘢痕尽除；脾主皮肤和肌肉，脾的先天磁场修复好了，皮肉变成小孩儿。第五，肺神受之，则鼻闻天香，而颜复少年；肺脏的先天磁场修复好了，可以闻到檀香味，人体的精通过凝练、压缩、提纯，进一步精华化，檀香就是人体的高度精华散发出来的味道。身有元神丹自香，一个元神当家的人，依着自然本心生活的人，身体就会有檀香。第六，肾神受之，则再还本府，耳中常闻弦管之音，鬓畔永绝斑白之色。元气是从肾中出来的，肾脏的先天磁场得到蜕变，所以叫再还本府。耳朵就可以听到三维物质空间以外的空间的音乐，肾气足到可以白发变黑。先天元气，古人说万两黄金不换一丝半忽。接通了宇宙不生不灭的永恒的元气的人，就可以实现对人生的自由掌控，生老病死的人生路线得以改写，我命在我不在天，老妪变童女。女人甩掉化妆品，男人八十像小伙。不仅如此，元神得到了元气的营养，大脑大面积的精华组织被激活，开发出大智慧，成为老子说的不出门知天下事的智者。

金丹是人类文化史上生命科学的最高成就，到今天依然是世界领先。

《老子》创作于 2011 年，布面油画，120cm×90cm　石家庄庞先生收藏

生命的最高成就

金丹

CGA

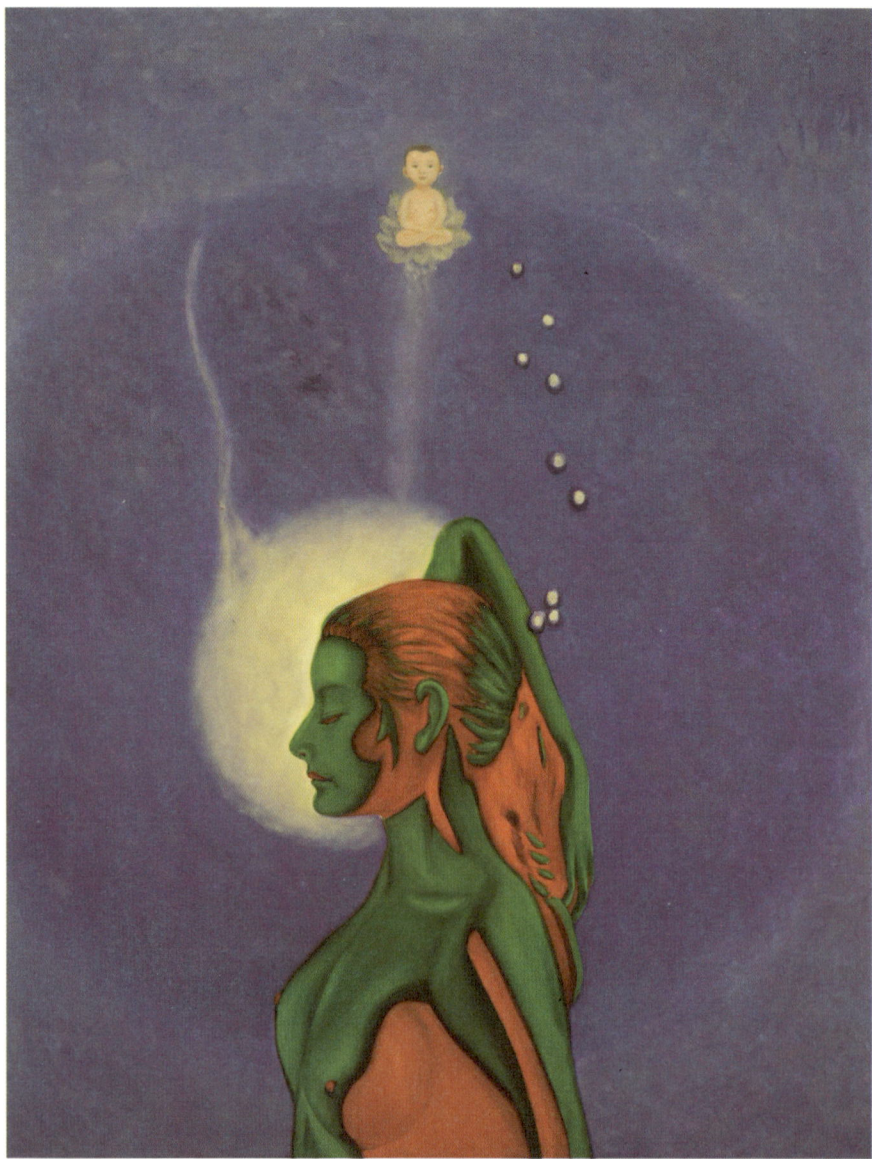

《天门脱胎》创作于 2009 年，布面油画，200×150cm　2012 年杭州春季拍卖会 100 万元成交
　　那长生的天地之炁，虽然可以通过胎息引入体内，但由于后天人生的消耗，能修补也勉强。
肉体中存放的先天一炁，再充沛也是有限的，不如在天门这个产道让真人自由出入，回到天母那里
直接采取能量。